U0462094

新时代高职院校全课程劳动育人研究

李丽娜　著

中国矿业大学出版社

·徐州·

图书在版编目（CIP）数据

新时代高职院校全课程劳动育人研究 / 李丽娜著
. — 徐州：中国矿业大学出版社，2024.6
ISBN 978-7-5646-6240-0

Ⅰ.①新… Ⅱ.①李… Ⅲ.①劳动教育－教学研究－
高等职业教育 Ⅳ.① G40-015

中国国家版本馆 CIP 数据核字（2024）第082600号

书　　　名	新时代高职院校全课程劳动育人研究
	Xinshidai Gaozhi Yuanxiao Quankecheng Laodong Yuren Yanjiu
著　　　者	李丽娜
责任编辑	史凤萍
出版发行	中国矿业大学出版社有限责任公司
	（江苏省徐州市解放南路邮编221008）
营销热线	（0516）83885370　83884103
出版服务	（0516）83995789　83884920
网　　　址	http://www.cumtp.com　E-mail：cumtpvip@cumtp.com
印　　　刷	苏州市古得堡数码印刷有限公司
开　　　本	787 mm × 1092 mm　1/16　印张 10.25　字数 207千字
版次印次	2024年6月第1版　2024年6月第1次印刷
定　　　价	46.00元

（图书出现印装质量问题，本社负责调换）

序

李丽娜老师立项教育部课题时，正值我牵头"劳动教育"课程的建设工作。当时没有想到李老师作为一名思政课教师会关注"劳动教育"这一主题。在衷心祝贺她成功立项的同时，课程团队围绕"劳动教育"建设与她进行了数次深入的研讨。三年来，在她"劳动育人"项目研究的引领下，我们的"劳动教育"课程成功入选2022年度职业教育国家在线精品课程。今年，李老师的专著即将付梓，这是我们学校围绕"劳动教育"研究所取得的又一项阶段性成果。有幸作为本书的第一批读者，谈谈我的感受。

一是本书关注劳动育人的发展走向。自2020年3月中共中央、国务院颁布《关于全面加强新时代大中小学劳动教育的意见》以来，全国形成了一股劳动教育研究热潮，围绕大中小学劳动教育体系的构建与实施，学者们开展了一系列持续深入的研究甚至是争论。无论持何种观点，劳动育人的重要性毋庸置疑。与研究热度相比，这部著作的观点显得格外冷静，一方面承认劳动的重要育人价值，另一方面也特别警惕劳动教育万能论。以科学、认真的学术态度对全课程劳动育人的规律、形式与特点做了翔实、系统的阐述，从哲学层面对劳动的育人价值做出深刻、辩证的反省，让读者知其然也知其所以然，有效避免了用政策引用代替理论阐释、用领导人讲话代替学术观点的教条倾向，使本书呈现出应有的学术立场。

二是本书开展了高职院校劳动育人实证研究。李丽娜老师在研究过程中收集了大量的数据和翔实的资料。她曾经请我协助她在学生中广泛开展问卷调查和访谈，并同兄弟院校相关负责同志取得联系，以便全面了解高职院校劳动育人开展的实际情况，我都尽力予以协助。当然，这还只是研究的基础阶段，资料与数据的分析更为关键。虽然我大致了解这个过程，但是当我看到她针对这些调研所做出的分析阐释时，还是被震惊到了，没想到她能够在这些原生态的数据和资料中发掘出这么多的"道道"来。从"探索之基：独立开设劳动教育必修课程""探索之实：在学科专业中渗透劳动价值""探索之活：在第二课堂中安排劳动实践""探索之微：在校园文化中强化劳动底蕴""探索之制：全面构建劳动育人保障体系"等五个方面梳理了高职院校劳动育人的探索之举，从高职院校大学生劳动价值观的认知态势、认同情况和践行程度等三个层次对采集到的数据进行了细致的分析，并提出了高职院校劳动育人在发展趋向与实践要求方面的借鉴超越。记得她跟我说过，在高职院校就不能像以前那样只坐在书斋里搞研究了，要让研究体现出彻底的实践性，才能与职业院校的气质相吻合，这本书想必就是她深入理解职业教育类型特征的最好证明吧。

三是本书提出了高职院校全课程劳动育人实践路径。现状往往以矛盾的形式呈现，把握育人的本质规律，抓住主要矛盾和矛盾的主要方面，可以事半功倍。在高职院校劳动育人实践过程中，还存在"全课程劳动育人目标与社会环境失调""全课程劳动育人师资与岗位要求偏斜""全课程劳动育人内容与学生需求错位""全课程劳动育人实施与其他系统冲突"等四对相互联系、对立统一的矛盾。矛盾的解决需要在系统性整体框架中确立着力点，主要包括大中小学劳动教育一体化"贯通"、高职院校劳动教育课程体系"重塑"、高职院校全课程劳动育人"融入"三个维度。科学研究既要坐而论道，更要起而行之，在本书中我看到了李丽娜老师把批判性与建设性相统一的努力尝试，看到她竭尽全力去解决实际问题的真诚态度。

2022 年，我和李丽娜老师有一段近距离接触的时间。当时我作为学校教务处负责人全程跟踪职业院校教学能力比赛这一赛项。李丽娜老师带领学校马克思主义学院思政课教学团队获得了省赛一等奖，这是我校在此项赛事中的最好成绩。省赛结束后，她带领团队成功突破了省里的四轮国赛遴选，成为近三年全校唯一晋级国赛的团队并最终取得国赛三等奖的成绩。通过陪赛期间我对李丽娜老师的了解，我觉得书如其人，朴实、真实、扎实、务实、踏实，值得一读。

职业教育国家在线精品课程"劳动教育"主持人：张宏彬

2024 年 3 月 20 日

目 录

‖ 导 论 ‖

　　党的二十大报告中明确提出要"在全社会弘扬劳动精神"。2023年4月30日，在"五一"国际劳动节到来之际，习近平总书记向全国广大劳动群众致以节日的祝贺和诚挚的慰问："希望广大劳动群众大力弘扬劳模精神、劳动精神、工匠精神，诚实劳动、勤勉工作，锐意创新、敢为人先，依靠劳动创造扎实推进中国式现代化，在强国建设、民族复兴的新征程上充分发挥主力军作用。"① 其中"依靠劳动创造扎实推进中国式现代化"是马克思主义劳动观在中国特色社会主义新时代的具体表达，充分强调了劳动在实现中华民族伟大复兴新征程中不可或缺的重要作用，明确肯定了广大劳动者是历史进程的伟大推动者，具有鲜明的历史唯物主义立场。

　　这一历史唯物主义立场也在我国的教育领域得以贯彻落实。2018年9月，习近平总书记在全国教育大会上提出要构建德智体美劳五育并举的教育体系，这是新中国成立以来首次旗帜鲜明地将"劳"纳入教育方针的权威表述，2021年新修订的《中华人民共和国教育法》和党的二十大报告均重申了这一表述。2020年3月，《关于全面加强新时代大中小学劳动教育的意见》(简称《意见》)明确提出要"把劳动教育纳入人才培养全过程，贯穿家庭、学校、社会各方面，与德育、智育、体育、美育相融合，紧密结合经济社会发展变化和学生生活实际，积极探索具有中国特色的劳动教育模式"。依据该《意见》，教育部印发了《大中小学劳动教育指导纲要（试行）》(简称《指导纲要》)。这一系列重要论述及政策的落地实施为新时代加强劳动教育提供了思想指引。中国劳动教育迈入了一个崭新的时代。

---

① 《依靠劳动创造扎实推进中国式现代化：写在2023年"五一"国际劳动节来临之际》，新华社，2023年5月1日。

一、研究背景和研究意义

（一）研究背景

1. 党和国家对劳动教育和职业教育高度重视

近年来，党和国家相继出台《关于全面加强新时代大中小学劳动教育的意见》《大中小学劳动教育指导纲要（试行）》《关于推动现代职业教育高质量发展的意见》等重要制度文件，将劳动教育写入《中华人民共和国教育法》，召开全国职业教育大会，修订《中华人民共和国职业教育法》，对劳动教育和职业教育发展作出全面部署。习近平总书记作出"在全面建设社会主义现代化国家新征程中，职业教育前途广阔、大有可为"①的重要指示，充分表明促进劳动教育与职业教育发展是贯彻落实党的二十大报告提出的"坚持教育优先发展，建设教育强国"的必然要求。劳动教育再次被提及并引发如此重大的反响，既有历史文化的影响，也有现实状况的作用，当然也有无法避免的现状和不足。首先，随着科技水平的不断提高，新的生产方式和劳动方式不断涌现，教育的时空边界得到了极大的转换，从而触发教学手段、教学方法甚至是教育模式的显著变化。新世纪的教育如何在应对挑战中更好地为社会的进步和人的全面发展服务，是世界各国都在思考的问题。其次，受西方社会思潮的冲击，我国的劳动教育长期处于一种"可有可无"的弱化地位，把劳动、劳动教育降格为具体的劳动技能，没有认识到劳动教育在保证社会主义教育性质、促进学生全面健康发展上所具有的独特价值。更有甚者，把劳动视同为教育惩罚手段之一，导致学生厌恶、拒绝劳动。最后，从大学生本身来看，身处于新的历史时期中的大学生，他们的劳动价值观念正在发生一些新变化，并且表现出许多新的特点。部分大学生存在对普通劳动者的鄙夷思想，幻想不劳而获，一些大学生还戏谑自己的梦想是当"一条咸鱼"，类似的"佛系"心态和"丧文化"在当今大学生中普遍存在。对于高职院校的学生来说，普遍存在学习动力不足、学习兴趣不高、自我控制能力差、学习态度不端正和学习自主性不强等问题，整体认知水平参差不齐。②高职学生的思想状态要比本科学生更加复杂多变。这些因素都给高职院校劳动教育带来巨大挑战。

---

① 《习近平对职业教育工作作出重要指示》，新华社，2021年4月13日。
② 张智敏、唐昌海、周培明：《高职学生技能人力资本生成与何以可能：对武汉地区3所高职院校的调查》，中国教育学会教育经济学分会会议2017年论文集，第1450~1460页。

2. 劳动教育融入高职院校人才培养体系势在必行

劳动教育是职业院校育人的重要途径。《意见》中明确提出"职业院校以实习实训课为主要载体开展劳动教育，其中劳动精神、劳模精神、工匠精神专题教育不少于16学时"，同时，"除劳动教育必修课程外，其他课程结合学科、专业特点，有机融入劳动教育内容"，确保劳动教育全方位融入。教育部2022年工作要点强调，要"推进大中小学劳动教育""推进职业院校劳动教育"。因此，将劳动教育融入高职院校人才培养体系，俨然成为一个时代命题、理论课题和实践议题。党的十八大以来，党在继承和发展马克思主义劳动思想的基础上，系统论述了崇尚劳动的劳动价值观，具有很强的现实针对性和深刻的战略考量。未来经济发展要着力于实体经济，劳动要作为推动实体经济发展的重要支撑，就要发挥劳动创造作为推动历史前进的根本力量。相应地，当代大学生选择并最终形成何种劳动价值，某种程度上将会决定我国经济社会的发展前景。正确的劳动价值观，能够引领大学生在新时代创造美好幸福的生活，进而能够促进社会、经济蓬勃发展。反之，错误的劳动价值观则可能会导致劳动者劳动技能、水平的下降，进而影响到社会、经济的活力。因此，高职院校开展劳动教育不仅关系到未来高素质技术技能人才的质量和素质，更关系到国家劳动者素质的总体状况。如何通过劳动教育发挥劳动的育人功能、促进学生形成良好劳动素养，已成为新时代各方高度关注的热点、重点问题，也是目前亟待继续深入探索的难点问题。

3. 高职院校劳动育人研究有待深入拓展

职业教育与普通教育是两种不同的教育类型，在劳动教育实施上具有不同的特点。职业院校以培养专业的技术技能人才为己任，与劳动生产联系紧密。在理论研究层面，2020年以来中国知网（CNKI）以"劳动教育"为主题词的论文成果可谓汗牛充栋。但是，同时以"高职"和"劳动育人"为关键词进行精确检索可发现，相关论文只有2篇。若以"高职"和"劳动育人"主题进一步扩展检索范围，可以发现相关论文214篇，其中北大核心期刊11篇、硕士学位论文1篇。精读发现，这些文章内容的同质化程度较高，对劳动教育融入高职院校人才培养体系缺少整体性、协同性和创新性研究。实践层面，虽然大部分高职院校将劳动教育纳入人才培养方案，把劳动教育设置为必修课，课程建设趋于规范，但是"劳动教育仍是'五育'中最为明显的短板，劳动教育整体处于'慢热'起步、分散探索的阶段，在实践中还存在一系列问题"[1]，距离新形势新要求还有一定差距。

---

[1] 刘向兵、党印：《高校劳动教育实施推进的多元与统一：基于80所高校劳动教育实施方案的文本分析》，《中国高教研究》2021年第5期，第54~59页。

（二）研究意义

劳动具有重要的育人价值，这一点已得到全社会的普遍认可。但是劳动的育人价值如何充分发挥、如何切实加强和改进学校劳动教育、如何让劳动在育人体系中发挥出更为重要的作用，诸如此类的问题依然存在，并已经成为当下我国政府、教育界、学术界共同关注的重点，解决这些问题在新时代显得愈发迫切。[①]基于此，本研究紧扣"劳动"核心，锁定"育人"导向，依托"课程"载体，从实证研究入手，重点关注高职院校大学生劳动主体意识成长和劳动素养提升的阶段性，分析高职院校全课程劳动育人的科学内涵、价值意蕴和实现路径，推进全员、全课程、全过程、全方位育人格局的形成，具有重要的理论和实践意义。

1. 探索建立"课程 + 劳动教育"教学模式

传统的课程教育存在一个误区，认为只有人文哲学社会科学课程，尤其是思想政治理论课程肩负着劳动教育的职责，殊不知劳动教育是所有学科、所有专业、所有课程的基本要求，虽然学科课程性质截然不同，但是劳动教育的要求应当是贯穿所有课程的主线之一。职业院校实践性教学课时原则上占总课时一半以上，顶岗实习时间一般为6个月。[②]高职院校要充分利用这一开展劳动教育的有利条件，探索专门设课与有机融入相结合，形成具有综合性、实践性、开放性、针对性的劳动教育课程体系。劳动教育的发展与演进证明，"我们在劳动教育的实施过程中必须注重多学科的渗透、多路径的实施、多形态的结合以及多功能的实现"[③]。为此，有效组织实施好"课程 + 劳动教育"是新时代高职院校贯彻落实立德树人这一根本任务，将新时代劳动教育的灵魂贯穿我国高职院校人才培养全过程的重大创新举措。在人机互联的今天，"课程 + 劳动教育"在实施过程中必然呈现出不同的形态和特征，这就更需要我国广大高职院校能够立足于院校实际，注重顶层设计的前瞻性、方法手段的科学性和路径实施的多元性，从而使"课程 + 劳动教育"能够成为高职院校提升人才培养质量和水平的有效助力，真正造福于学生的终身发展和整个社会的文明进步。

2. 弘扬和内化社会主义核心价值观

高职院校作为中国特色社会主义大学的重要组成部分，要以社会主义核心价值观引领学生的知识建构与价值建构，实现"知识传授"和"价值引领"的有机统一；充分利用马克思主义劳动观指导高职院校劳动教育实践，不断丰富马克思主义劳动教育理论，在新时代为马克思主义劳动理论注入新的生命力与活力。劳动教育

---

① 张畅：《高校劳动育人研究：基于新时代的视角》，社会科学文献出版社2023年版，第3页。
②《国家职业教育改革实施方案》，中国政府网，2019年1月24日。
③ 顾建军：《劳动教育要抓住灵魂科学实施》，《中国教育报》2018年11月28日。

中蕴含丰富的社会主义核心价值观要素。推进全课程劳动育人正是弘扬和内化社会主义核心价值观的主渠道，是塑造社会主义核心劳动价值观最主要的途径之一，对于大学生"爱国、敬业、诚信、友善"等品格和价值观的塑造发挥着举足轻重的作用。

3. 提升实践育人成效

"近年来一些青少年中出现了不珍惜劳动成果、不想劳动、不会劳动的现象，劳动的独特育人价值在一定程度上被忽视，劳动教育正被淡化、弱化"[1]，实践育人的成效受到一定程度的影响。教育部原部长陈宝生指出："今天的学生绝大多数是在不愁吃穿的环境中长大的，培养他们吃苦耐劳精神、奋斗精神更为重要，也更有挑战性。对学生的劳动教育不仅要有质的要求，还要有量的规定，不能停留在一般号召，更不能在课上'听'劳动、在课外'看'劳动、在网上'玩'劳动，要坚决防止形式主义，防止弄虚作假和走过场。"[2] 劳动育人紧扣"劳动"核心，锁定"育人"导向，强调通过实实在在的劳动促进大学生全面协调发展，是为破解劳动教育难题、补齐劳动教育短板所进行的探索和尝试。一是为完善高职院校育人职能提供实践参考。职业教育肩负着培养多样化人才、传承技术技能、促进就业创业的重要职责。新时代，随着新产业和新业态的发展，行业企业对技术技能人才综合素质的要求也越来越高。这就要求高职院校要积极改变传统教学当中存在的"重技术、轻育人"现象，帮助学生树立科学的劳动观，使其人才培养质量符合技能型社会的时代要求。二是为促进高职院校学生实现自我发展提供实践方案。劳动价值观影响学生的择业动机和职业行为，并决定他们未来的职业生涯发展以及职业生活的满意度。通过将劳动教育融入人才培养体系，引导学生树立科学的劳动价值观，激发他们的技术潜能，启迪他们的职业智慧，提高他们的职业审美，对于创造美好的职业生活具有重要的现实意义。因此，本研究积极探索符合高职院校办学特色的劳动育人课程建设模式，创新体制机制，实现知行合一，促进高职学生内化"劳动最光荣、劳动最崇高、劳动最伟大、劳动最美丽"的劳动价值观，提升实践育人成效。

---

[1]《中共中央国务院关于全面加强新时代大中小学劳动教育的意见》，《人民日报》2020年3月27日。

[2] 陈宝生：《全面贯彻党的教育方针 大力加强新时代劳动教育》，《人民日报》2020年3月30日。

二、研究现状和特点趋势

（一）研究现状

长期以来，与"劳动"相关的选题一直是哲学社会科学研究的热点。在国家社科基金项目数据库中以"劳动"为项目名称进行检索发现，1994—2022年与"劳动"主题直接相关的国家社科基金项目共有702项。这些项目大部分归于经济学、管理学、社会学、法学、哲学等学科，只有65项从马列社科、教育学的学科视角对劳动相关问题进行研究。其中从马列社科视角进行研究的有49项，从教育学视角进行研究的有16项。从项目名称来看，这些研究的主要内容涉及马克思主义劳动观、劳动价值论、劳动精神培育、劳动力教育培训、劳动关系、劳动伦理等方面。

从研究成果来看，关于"劳动教育"的著作成果，除相关教材以及20世纪30—50年代关于西方国家和苏联劳动教育的少量译著外，近十年有十余本专著出版，其中较有代表性的是中国劳动关系学院刘向兵研究员带领团队完成的《新时代高校劳动教育论纲》[①]。在论文方面，相关成果也主要集中于"劳动教育"。中国知网中可查的关于劳动教育的研究成果在20世纪50年代以前就已经出现，这同我国"教育与生产劳动相结合"的劳动教育实践历史进程是吻合的。目前在中国知网数据库中检索到的最早的一篇关于劳动教育的文献，是1933年国民政府时期的一份中学劳动生产教育实施报告。新中国成立后，我国教育政策随着国民经济的发展和社会发展需求的变化逐步完善，"教育与生产劳动相结合"的理论和实践得到了进一步发展，每年都有一定数量的关于劳动教育的研究成果出现。虽然早期劳动教育的理论和实践中已经包含劳动育人的成分，但从中国知网数据库中检索可知，直到1984年才出现第一篇以"劳动育人"命名的文献。此后虽然每年都有2~3篇关于劳动育人的研究成果出现，但总体来看，研究数量和质量均不理想，距离构建系统的劳动育人理论体系尚有较大差距。当下，以"劳动育人"和"全课程"同为主题词只检索到3篇文章，具体指向高职院校的只有笔者2023年4月发表的《高职全课程劳动育人的多维向度》，因此围绕这一方向尚有极大的研究拓展空间。

总体来看，根据研究的侧重点不同，可以将现有研究成果分为五类，分别是关于高校劳动育人的相关理论、历史经验、国际比较、问题对策和文化环境研究。

第一，关于高校劳动育人的相关理论研究。现有成果主要关注劳动的概念界

---

① 刘向兵等：《新时代高校劳动教育论纲》，社会科学文献出版社2019年版。

定、马克思主义教育与生产劳动相结合思想、马克思主义劳动价值观、劳动教育观等重要理论命题。现有成果对劳动的概念、教育与生产劳动相结合的思想、马克思主义劳动观等内容进行了较为系统的研究，并且认识到了劳动对人的全面发展及经济社会发展的意义和作用。但现有成果对劳动的经济价值和社会价值关注较多，对其育人价值的挖掘稍显不够。

第二，关于高校劳动育人的历史经验研究。现有成果主要包括对我国劳动教育发展进程的历史回顾，以及对历届国家领导人关于"教育与生产劳动相结合"理论与实践探索的经验总结等，试图通过回顾和总结历史经验，对现实劳动育人实践提供参考借鉴。现有成果表明，在我国经济社会发展的不同历史时期，教育与生产劳动相结合的思想始终是教育的重要指导方针，并且在不同时期表现出不同的时代特点。但是，这一思想发展历程中蕴含的劳动育人历史经验尚有待进一步挖掘。

第三，关于高校劳动育人的国际比较研究。现有成果对苏联劳动教育的理论和实践关注较多，对美国、法国、西班牙、日本、印度等国开展劳动教育的相关经验也有所涉及。将关注重点放在苏联劳动教育的理论和实践上，与我国学习借鉴苏联劳动教育模式的历史有一定关系。并且，有较大数量的关于苏联劳动教育研究成果的产出时间集中在20世纪80年代，这可以从侧面看出，在改革开放初期，我国思想理论界对于如何开展劳动教育存在较多争议和讨论。在新时代背景下，为了更好地开展劳动教育、推进劳动育人，同样需要从国际比较中获取经验和启示。

第四，关于高校劳动育人的问题对策研究。现有成果除了对不同时期高校、中小学、家庭、企业、农村劳动教育实践中存在的问题进行分析并提出对策建议外，还包括部分学者对推进劳动教育改革、提升劳动教育在国家教育体制中的重要性、深化对劳动育人价值的认识等方面的意见和建议。总体来看，这类成果数量不多，并且有的意见和建议在当时存有争议，难以真正推行；有的研究虽然看到了问题，但提出的对策大都是理论指导层面的，缺乏可行性论证，其针对性和现实可操作性不强，难以在实践中获得良好效果。

第五，关于高校劳动育人的文化环境研究。现有关于劳动文化、劳动精神、劳模精神等主题的研究成果较多，大部分研究是从企业文化、工会文化的视角展开的，其出发点是探讨精神文化层面的因素对于激发职工劳动热情、促进企业生产等方面的作用，对劳动文化、劳模文化的育人价值、功能的挖掘和提炼还略显不够，仅有少量成果针对劳动文化、劳动精神对于高校劳动育人的重要价值进行了研究。此外，虽有学者提出了将劳动文化教育纳入高校劳动教育体系的建议，但对于新时代如何在全社会营造尊重劳动、热爱劳动的文化环境和精神氛围，还迫切需要深入研究。

（二）特点趋势

通过对上述五个方面的研究成果的梳理可以发现，现有相关研究成果的时间跨度较长，且在20世纪八九十年代和2018年前后形成了两次研究高峰。

在第一次研究高峰中，产出的成果集中于对马克思主义关于教育起源、教育与生产劳动相结合等基本理论观点的探讨，对苏联和一些西方国家关于劳动教育理论与实践经验的梳理总结，以及对新中国成立以来我国教育与生产劳动相结合的历史经验的总结回顾。此次研究高峰的出现，与改革开放初期我国教育领域思想解放、改革意愿强烈有着较大关联，也在客观上促进了教育领域的改革开放，满足了经济改革对人才队伍培养的迫切要求。

第二次研究高峰的到来，则与2018年全国教育大会的召开有直接关联。习近平总书记关于"培养德智体美劳全面发展的社会主义建设者和接班人"的重要论述，首次旗帜鲜明地将"劳"纳入党的教育方针，在体现重大时代价值和鲜明现实针对性的同时，也向教育界、学术界提出了加强对"劳动教育""劳动育人"等相关问题开展理论和实践探索的时代要求，由此形成了关于劳动教育研究的学术热潮。在中国知网检索新中国成立以来以"劳动教育"为主题词的文章，超过50%的文章都集中发表于2018年以后。现有研究主要呈现以下特点和趋势，对这些特点和趋势的把握将有助于深化和拓展接下来的研究方向。

1. 劳动教育研究的热度不断攀升

研究热度与论文发表数量存在正相关关系。通过图1-1可以发现，关于劳动

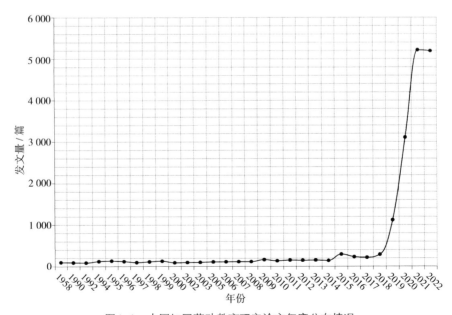

图1-1　中国知网劳动教育研究论文年度分布情况

教育的研究论文自2018年起呈现井喷式激增趋势。

2. 职业教育学科特点突出

在劳动教育研究相关论文中，职业教育学科排名第五（前五名依次为：中等教育、教育理论与教育管理、初等教育、高等教育、职业教育），占到研究总量的10.28%，表明学界已经把职业教育与劳动教育融合研究作为重点领域。此外，在排名第四的"高等教育"学科（占研究总量的17.19%）中，也包含一部分高职院校的劳动教育研究成果，从而进一步突出了劳动教育研究中的职业教育学科特点。

3. 高职院校劳动教育研究智库建设尚待加强

在发文作者方面，检索到的2 138篇职业教育学科的劳动教育论文中，只有1位作者围绕同一方向共发表了5篇论文，9位作者的论文数量为4篇，其余均为3篇及以下，远低于高等教育学科同一研究者发表34篇论文的数量，表明职业教育学科作者群较为分散，大多把这一方向作为一个临时性课题进行研究。在期刊来源类别方面，职业教育学科方面的劳动教育论文在核心期刊发表的比例为13.2%，低于劳动教育研究论文平均的核心期刊发表比例21.8%，说明有影响力的研究成果亟待充实。在基金支持方面，职业教育学科论文多以地方教育部门基金支持为主，鲜有国家社科基金的支持。基金支持的前5名中，2项为江苏省基金项目。（图1-2）

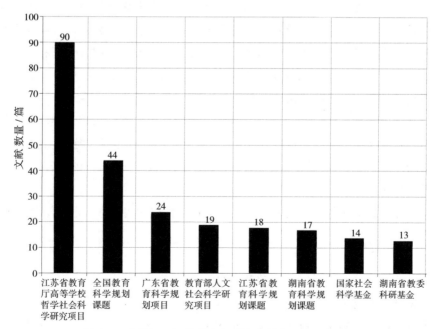

图1-2 中国知网职业教育学科论文基金支持分布情况（部分）

三、研究思路和研究内容

（一）研究思路

近年来，笔者持续关注和研究高职院校劳动教育体系构建和模式探索，围绕这一方向立项了教育部高校思想政治理论课教师研究专项，项目名称为"'双高计划'背景下高职院校推进全课程劳动育人研究"，聚焦课题研究发表了一系列研究论文，如《全课程推进新时代高校劳动育人》《高职全课程劳动育人的多维向度》《中国共产党百年劳动教育政策的五维嬗变》《高职院校全课程劳动育人的价值意蕴与实践路向》等。在此基础上，笔者作为一名思政课教师，以自我革命助力思政课堂革命，深入探索思政教学改革创新，取得了多项教学实践成果，包括主要参与2022年国家精品在线课程"劳动教育"建设（当年全国唯一）；带队参赛获2022年全国职业院校教师教学能力比赛三等奖、江苏省职业院校教师教学能力比赛一等奖，2021年江苏省职业院校教师教学能力比赛二等奖；获评校级优秀教改项目、优秀教学案例，积累了一定的研究和实践成果。本书是笔者三年来对课题进行研究性思考、探索，对日常教学不断凝练反思，在现有成果基础上的系统总结。

本书从实证入手，通过调查全国高职院校在"双高计划"建设背景下，贯彻落实《意见》精神，推进全课程劳动育人情况，分析高职院校全课程劳动育人的科学内涵、价值意蕴和实现路径，推进全员、全课程、全过程、全方位育人格局的形成。主要包括宏观、中观和微观三个层面：宏观上，高职教育是教育链条上的重要一环，必须充分考虑到前后阶段劳动教育的特点，通过大中小学劳动教育的一体化"贯通"，实现劳动教育平稳、有序、良性衔接；中观上，解决"双高计划"建设背景下，劳动教育如何"重塑"高职院校课程体系建设问题，包括工作机制、制度体系、条件保障等；微观上，解决劳动教育如何"融入"高职院校课程建设的问题，通过高职院校课程特征研究，探讨设立劳动教育必修课程，以及劳动教育如何贯穿课程建设各层次、各类别、全过程，等等。在理论研究的同时，加强实践探索，把一些研究成果和做法应用到教育教学实践中，进行检验和修订。

（二）研究内容

1. 高职院校全课程劳动育人的科学内涵

全课程劳动育人即以劳动教育必修课程为主渠道，学校其他所有课程都结合自身课程实际，有机融入社会主义劳动价值元素，培养学生的社会主义劳动价值观,实现劳动育人功能。高职院校肩负着劳动育人的光荣使命，其所有的学科体系、教学体系、教科书体系、管理体系都应当围绕这个目标来设计。推进全课程劳动育人，需要课堂教学与实践教学协同，人文学科与自然学科协同，显性教育与隐性教育协同，线下课程与线上课程协同，内化社会主义核心价值观，弘扬中华劳动文化价值，实现马克思主义人学价值。

2. 高职院校全课程劳动育人的多元探索

多年来，高职院校坚持教育与生产劳动相结合，在实践育人方面取得了一定成效。在学校层面，部分学校通过课程建设落实劳动教育的情况不理想，有些学校尚未根据《意见》要求开设劳动必修课程，劳动教育与现有课程结合不紧密，全课程劳动育人仍需大力推进。笔者在这方面开展了实证研究，将研究对象确定为25个高职院校颁布的劳动教育实施方案，以及全国职业院校劳动教育经验交流会上25所高职院校的劳动教育经验总结，从中梳理出目前高职院校在全课程劳动育人方面所做的探索，并从五个方面进行了概括总结，即"探索之基：独立开设劳动教育必修课程""探索之实：在学科专业中渗透劳动价值""探索之活：在第二课堂中安排劳动实践""探索之微：在校园文化中强化劳动底蕴""探索之制：全面构建劳动育人保障体系"。

3. 高职院校大学生劳动价值观现状分析

从个人层面看，高职学生的劳动观总体上比较积极，但部分学生劳动观功利化、片面化，部分学生尚处于不自觉、无意识状态，一些学生认为自己接受教育就是为了摆脱体力劳动，没有意识到劳动教育是教育的必要环节。劳动价值观是劳动教育的核心要素，是大学生最核心、最深沉的劳动素养，也是检验劳动教育成效的关键要素。本研究通过高职学生劳动价值观现状调研，搜集整理可靠数据和生动案例，检验劳动育人实效，以期为下一阶段的高职院校全课程劳动育人提供参考借鉴。这部分内容包括三个方面，即"调查设计：设计问卷与组织访谈""采集分析：数据统计与现状分析""借鉴超越：发展趋向与实践要求"。

4. 高职院校全课程劳动育人的现实张力

高职院校全课程劳动育人的实施过程是诸多要素和内外因素相互交织、相互作用的复杂过程，这个过程充满着各种各样的矛盾。在整个矛盾体系中，贯穿高职院校全课程劳动育人始终、规定其本质的基本矛盾，可以简要表述为一定社会发展和人的全面发展对高职院校大学生综合劳动素养的要求与高职院校大学生综合劳动素养水平之间的矛盾。这一基本矛盾是新时代高职院校劳动育人活动得以存续和发展的内在根据，同时也规定和制约着高职院校劳动育人实施过程中的其他具体矛盾。主要包括以下四个具体矛盾，即"全课程劳动育人目标与社会环境失调""全课程劳动育人师资与岗位要求偏斜""全课程劳动育人内容与学生需求错位""全课程劳动育人实施与其他系统冲突"。

5.高职院校全课程劳动育人的多维路径

本研究旨在将高职院校劳动育人视作一个由宏观环境、中观结构和微观要素组成的整体系统。推动高职院校劳动教育取得实效，涉及众多培育单位和各类课程，必须在系统性整体框架中确立着力点。首先，推进大中小学劳动教育课程体系的"贯通"。大中小学劳动教育一体化，意味着不同阶段的劳动教育构成一个有机整体，彼此相互联系，但又自成体系。各个阶段的劳动教育之间围绕时代之问，纵向衔接、横向贯通、层层递进、螺旋上升。其次，实现高职院校劳动教育课程体系的"重塑"。新时代，伴随劳动教育重新回到党和国家的教育方针中，以及国家对职业教育的大力推动，有必要对此前的劳动教育进行总结反思，"重塑"高职院校课程体系，形成具有综合性、实践性、开放性、针对性的劳动教育课程体系。为此，要树立全课程劳动育人理念、建立全课程劳动育人机制、完善全课程劳动育人保障。最后，推动劳动教育要素全方位有机"融入"到课程中。为此，高职院校要开展整体系统的劳动教育教学设计、科学多元的劳动课程模式研发、职业面向的劳动课程育人实践。

四、研究方法和创新之处

（一）研究方法

（1）实证研究法。通过调研部分高职院校，了解全课程劳动育人推进情况；通过问卷调查、深入访谈了解高职学生对社会主义劳动价值观的认同情况。

（2）系统分析法。把高职院校推进全课程劳动育人工作视为一个系统，既研究系统内部诸要素之间的联系及其对系统的影响，又研究系统同外部环境之间的关联，从而综合探寻有效推动、协调发展的路径。

（3）理论分析法。探讨推进全课程劳动育人的科学理论基础，如课程系统性与协同性的耦合、课程理性价值和工具价值的统一、课程科学教育与人文教育的融通，等等。

（二）创新之处

（1）研究视角的创新。自2020年3月《意见》发布以来，教育部明确把切实抓好劳动教育作为当前和今后一个时期教育工作的重要任务。选择基于劳动教育视角的高职院校课程建设作为研究对象，不断把高职院校全课程劳动育人推向深入，这在国内尚处于起步阶段。

（2）研究结果更具可行性和实效性。针对高职院校办学特色和学情特点，加强劳动教育对高职院校课程体系的"贯通""重塑""融入"，可以有效防止将劳动教育泛化，研究的针对性更强，教育的内容和方式方法更加契合教育对象。

｜第一章｜
高职院校全课程劳动育人的本质蕴涵

党的二十大报告对于教育的战略地位进行了充分的肯定和强调，明确提出要落实立德树人根本任务，培养德智体美劳全面发展的社会主义建设者和接班人。劳动教育先后被写入国家的教育方针、《中华人民共和国教育法（2021修订版）》和党的全国代表大会报告，标注了劳动教育的新高度。新时代劳动教育被纳入人才培养全过程。高职教育具有独特的类型化和层次化特征，尤其重视学生劳动态度和职业素养的培养，天然包含较多劳动因素，具有开展劳动教育的先天优势。同时，高职劳动教育涉及众多培育单位和各类课程，必须系统性地从整体框架中确立着力点才能取得实效。研究新时代劳动育人，必须首先对与劳动相关的基础理论展开深入探讨，系统阐述高职院校全课程劳动育人的内涵，为本研究确立出发点或逻辑起点。

一、劳动、育人、劳动育人系列概念辨析

概念的界定是研究的起点。要对高职院校劳动育人进行系统研究，首要任务是分析和阐释"劳动""育人""劳动育人""全课程劳动育人"等基础概念，并以此为出发点，科学把握新时代高职院校全课程劳动育人的基本内涵。

（一）劳动

历史上有过许多对劳动的定义，但至今还没有哪一种定义是为所有人一致认可和接受的。许多学者在对劳动下定义时，大都出于各自不同的视角、立场、方法和价值态度，给出一些既相互区别又彼此联系的定义。在中国特色社会主义新时代开展劳动育人研究，有必要运用马克思主义的立场、观点、方法，对劳动概念进行简要辨析，初步给出劳动的定义。

1. 劳动是人类特有的基本的社会实践活动

人类和其他动物不同，其他动物只是在本能的驱使下同外物发生关系，一般而言是直接占有或消灭外物，而人类则是有目的、有计划地同外部客观世界发生

关系，目的不是直接占有或消灭外物，而是将外物改造或创造成符合人类需求的新的对象。恩格斯在《劳动在从猿到人的转变中的作用》一文中，对人类从动物发展到有独立思维、独立表达能力的真正人类的过程进行了细致考查，并得出结论，即劳动是人类特有的基本的社会实践活动，劳动造成了"人同其他动物的最终的本质的差别"①。

2. 劳动是人类为满足生存发展需要而开展的活动

原始人为了获取维系自身生存的物质生活资料，不得不从事最初级的劳动。可见，劳动最初是人类为维系生存而不得不开展的活动。随着社会生产力水平的不断提升，人类劳动活动也不断进化发展，但劳动始终是人类满足自身生存发展需要的根本途径。正是在获取必要的物质生活资料的劳动过程中，人类逐步发展了四肢和大脑，产生了语言，人与人之间通过相互交往逐渐形成了一定的社会关系，由此开启了人类社会发展的历史进程。可以说，人类为满足自身生存发展需要所进行的劳动，是推动人类社会历史发展的源动力。

3. 劳动是人类能动地改造客观世界的活动

早期人类劳动是直接面向自然的，自然界提供的各种劳动资料是保障劳动得以顺利进行进而产出物质生活资料的前提。但是，在劳动过程中，除了密切关注外部客观世界，还必须高度重视人类自身主体性、能动性和创造性的彰显，这些同样是保障劳动得以顺利进行的关键因素。人类在通过劳动直接作用于自然界的同时，也在创造性地改造自然界，正是将自身的主体性、能动性、创造性同自然界所提供的客观物质结合起来，人类才能生产出自然界中原先不存在或是不能直接提供的新物质。"动物仅仅利用外部自然界，简单地通过自身的存在在自然界中引起变化；而人则通过他所作出的改变来使自然界为自己的目的服务，来支配自然界"②，这是人类和其他动物的本质区别。

4. 劳动是人类综合运用各类技能、工具的活动

在人类劳动历史发展进程中，随着劳动经验的积累和劳动技术的提升，各类新颖进步的劳动技能和劳动工具相继出现，极大地提高了人类劳动的生产效率和质量。这是人类在劳动中实现体力、脑力不断发展的必然结果。运用新式的劳动工具和劳动技能，人类可以轻而易举地解决以往很多时候难以解决的劳动问题，完成以往难以想象的劳动工程，人类同自然界之间的关系面也得到很大程度的扩展。尤其是新式劳动工具所带来的生产力水平的极大提升，会对整个社会的现行体制产生极大冲击，推动旧的社会制度发生变革，朝着更有利于生产力发展的方

---

① 《马克思恩格斯选集：第3卷》，人民出版社2012年版，第998页。
② 《马克思恩格斯选集：第3卷》，人民出版社2012年版，第997~998页。

向演进。但与此同时，如果人类一味沉湎于自身力量的无限扩张，无休止地向自然界索取，一旦这种索取超过了自然界所能够承受的极限，将会给自然界和人类自身带来灾难性的后果。

5. 劳动是人类在改造自然界的同时改造自身的活动

劳动为人类带来了丰富的物质财富，并在真正意义上推动了人类文明的产生和发展，由此创造出丰富多样的精神财富。这些精神财富，尤其是从劳动中折射出的劳动伦理、劳动品质和劳动价值观念，又反过来对人类劳动实践产生巨大的影响。可见，人类在劳动过程中能够实现改造客观世界和主观世界的辩证统一。正是在劳动中，人类结成了复杂的社会关系，促进了身心发展，创造出丰富的物质和精神财富，并在尊重客观规律、运用工具技能、根据规划设想来利用和改造自然界的同时，完成了对人类自身的改造。

总之，区别于"实践不是一种制作，制作也不是一种实践"的亚里士多德的"两种实践"观，马克思认为从事基本的生产活动的大众，不应该被排斥在与人的尊严、自由和高贵相系的"实践"活动之外。这正是马克思之所以未对劳动与实践加以明确区分的根本深意所在。他希望真正立足于现实的人、从普通人和劳动者本身出发去确立人的自由与尊严；以"劳动"而看待"实践"意味着的是马克思所怀揣的这样一种希望："一切人，特别是中下层的平民百姓也能成为主体，也必须纳入实践体系中来，他们也能像那些理性成熟状态的人一样在从事'劳动'的同时也能从事'实践'甚至更能完成'实践'的内在要求"[①]。马克思劳动概念的生存本体论维度使它超出了单纯的技术活动层面，而具有了伦理活动的意义。至此，可以对劳动初步下一个定义，即劳动是人类特有的，为满足人类自身生存发展需要和社会发展需要所进行的，综合运用自身体力、脑力和各类技能工具，有计划、有目的地改造外部客观世界，同时改造人类社会和人类自身的社会实践活动。这一定义尽管相对宽泛，但从总体上涵盖了劳动的主要特征，对接下来全面准确地理解把握劳动在育人活动中的意义和价值，起到基础性的作用。

（二）育人

育人由"育"和"人"两个汉字组成，"育"在《新华字典》（第10版）中有三种解释：一指生养，如生儿育女、提倡计划生育；二指养活，如育婴、育蚕、育林；三指教育，如德育、智育、体育。育人视域下的"育"主要对应第三种解释，即教育、教导、培养。"人"在《新华字典》（第10版）中有五种解释：一指能制造工具并能使用工具进行劳动的高等动物；二指某种人，如工人、客人、商人；三指别人，

---

① 刘森林：《实践的逻辑》，社会科学文献出版社2009年版，第9页。

如助人为乐；四指人的品质、性情，并引申出人格或面子；五指人的身体。这些解释涵盖了"人"的智慧、德性、才能、性格、身体等多个方面。由此可见，"人"是一个复杂的综合体，是"育"的主体、内容和目的。"育人"不仅应当教育培养人学习各种文化知识，还应当关注人的道德培育、性格养成、技能训练、体魄锻炼等诸多方面。基于此，我们可以从三个方面对"育人"概念加以把握。

1. 育人应当以人为本

教育的根本问题是培养什么样的人、如何培养人以及为谁培养人，这些问题围绕"人"提出，围绕"人"展开，也必须紧紧围绕"人"来回答。因此，育人活动必须关注"人"、研究"人"、培养"人"，必须始终坚持以人为本的基本原则。以人为本的育人原则应从以下三个方面加以把握。一是以"人"为出发点。育人必须首先尊重作为教育对象的人的主体地位，必须基于人的发展阶段、认知水平和接受能力来明确育人理念、制定育人方案、实施育人举措，以人的能力匹配、人的需要满足、人的价值实现作为整个育人活动的出发点。二是以"人"为着力点。"人"是处在一定条件下进行活动的具体的、通过知觉实际被给予的，能够在经验中观察到的"现实的人"。[1] 无论是从人的生理属性还是社会属性出发，每个人都是个性化、差异化、不可复制的特殊个体。因此，育人活动必须尊重作为教育对象的人的差异性和特殊性，做到从每个教育对象的实际出发，因材施教，才能取得理想的育人成效。三是以"人"为落脚点。育人效果的好坏，归根结底要从作为教育对象的人的身上体现，这种体现应当超越唯分论、唯钱论、唯权论等认识误区，更多地以一种多元和谐的形态展现出来。

2. 育人应当遵循规律

育人是通过教育引导促进人的健康成长的过程，唯有立足现实、遵循规律，方能见实见效。育人规律主要包括两个方面，一是"育"的规律，即教育活动规律。教育活动作为一种以人为对象的社会性活动，其本身有着特殊的规律。我国著名教育学家潘懋元教授在20世纪80年代曾提出教育内外部关系规律的观点，并对两者的内涵和相互关系进行了详细论述，该观点在我国教育界至今仍具有重要影响。[2] 教育内部关系规律是指教育者必须尊重作为教育对象的人的全面发展要求，处理好教育系统内部的各种关系。教育外部关系规律指教育必须顺应经济社会发展要求，处理好教育同政治、经济、文化、科技、生态、民族等外部因素的关系。可见，教育活动规律要求必须遵循马克思主义唯物辩证法的方法论指导，重视内

---

① 鲁洁：《教育的原点：育人》，《华东师范大学学报》（教育科学版）2008年第4期，第15~22页。

② 王洪才：《教育内外部关系规律学说：中国教育学发展的一面镜子：潘懋元教授专访》，《苏州大学学报》（教育科学版）2013年第1期，第48~52页。

因和外因在整个教育活动系统中的不同作用和相互关系。二是"人"的规律，即人的成长规律。人的成长发展是生理因素和社会因素共同作用的结果，两种因素之间保持和谐稳定的互动关系，是实现人的全面发展的必要条件。育人活动应当关注人的成长发展过程中呈现的连续性、阶段性、超越性等规律性特征，在人的不同成长发展阶段选择与之相适应的教育内容、途径和方法。由此可见，育人规律是"育"的规律和"人"的规律两者的有机统一，而育人正是教育活动与人的成长相互关联、相互适应、相互促进的动态发展过程。

3. 育人应当全面培养

马克思关于人的自由全面发展思想，对于我国教育事业具有重要的现实指导意义。实现人的全面发展，是中国共产党人的光荣使命，也是习近平新时代中国特色社会主义思想的重要内容。通过育人活动实现人的全面发展，应从以下三个方面加以把握。一是育人目标全面。现阶段我国育人工作的总体目标是培养出能够担当民族复兴大任的时代新人，这一总体目标分解开来，包括对培养对象政治素养、专业技能、道德水平、意志品质、身体素质、审美情趣等多方面的目标要求。新时代育人活动应当摒弃过往成绩至上、分数至上等狭隘认识，更注重对人的综合素质的培养锻造，以适应经济社会发展对人的素质提出的更高要求。二是育人举措全面。育人举措针对育人目标的具体实现过程，包括组织管理、课程教学、课外实践、文化熏陶等多方面内容，应当树立整体协同育人理念，社会、家庭、学校多方共同发力，多管齐下，努力构建全员、全过程、全方位的整体育人格局。三是育人考核全面。考核是对育人目标实现情况的监督，是对育人举措实施效果的检视，对育人活动完成质量具有重要提升作用。好的育人活动考核体系应当合理分配各项指标权重，从学校、家庭、社会以及教育对象本人等不同视角出发，以定量考核与定性考核相结合的形式，全面整体地考量人才培养质量，及时对育人活动的阶段性目标和路径进行优化，促进育人质量的提升。

综上所述，育人是坚持以人为本理念，遵循教育活动规律和人的成长规律，综合运用多种教育方法手段促进人的全面发展的教育实践活动。这一概念界定是对育人的广义概括。具体到新时代的育人工作，应当紧紧围绕实现中华民族伟大复兴的历史使命，继承和运用好老一辈教育工作者的优良传统和有益经验，运用和发挥好现代科技发展对育人活动的正面影响和推动效应，努力培养出中国特色社会主义事业的合格建设者和可靠接班人。

（三）劳动育人

劳动具有重要的育人价值。从历史视角看，劳动与育人在本质上具有同一性。人类漫长的劳动发展历程就是人的体力、智力、身体机能、社会意识等不断发展完善的过程。从理论视角看，马克思主义经典作家关于劳动创造人的著名论断中蕴含着丰富的劳动育人思想，中西方传统文化中关于劳动的思想也或多或少隐含着某些教育元素。从实践视角看，长期以来我国教育与生产劳动相结合的实践探索，为劳动育人积累了较为丰富的经验和素材。可见，劳动育人是历史性、理论性和现实性的有机统一。对于"劳动育人"这一概念，应当从以下三个方面加以把握。

1.劳动是实现育人目标的手段

认识到劳动的育人价值，通过劳动手段来实现育人目标，是劳动育人的表层含义。对于劳动的育人价值，可以从三个方面来理解。首先，劳动是人不可须臾离开的一种实践活动，人类基于劳动得以产生和发展，结成复杂多元的社会关系，创造出灿烂悠久的人类文明，劳动对于人类来说具有极端重要的作用，而育人作用正是其中之一。其次，劳动与人的德智体美等多方面素质关联紧密。人类在劳动过程中促进体力脑力的锻炼提升，形成对人际关系的理解认知，产生对善恶美丑的朴素判断，劳动与人的综合素养紧密关联，具有重要的育人价值。最后，劳动能够与其他育人形式同频共振，优势互补。育人形式是丰富多样的，劳动是其中一种。劳动育人能够与课程育人、活动育人、组织育人等育人形式相互融合、互相促进，共同发挥育人作用。总之，劳动具有育人价值，是通过劳动手段来实现育人目标的前提。此外，需要指出的是，如果只看到劳动的工具性作用，将劳动仅仅作为实现育人目标的手段，这与劳动本身的重要地位是不相匹配的，这种对劳动作用的片面认知消解了劳动在育人活动中的价值，容易导致劳动育人走入片面化、形式化、虚无化的误区。

2.劳动是贯穿育人过程的主线

将劳动作为育人活动的主要形式和载体，为开展劳动提供各类条件和保障，是劳动育人的中层含义。劳动作为一种人类实践活动，与之相适应的劳动育人虽然也包含对劳动历史、劳动价值、劳动精神等相关理论知识的系统传授，但其内容和形式应当更多地体现为对劳动过程的亲身经历和对劳动艰辛的真实体悟。只有这样，学生对劳动相关的理论知识才会有更深刻的体会和感触，并由此促进学生以更加积极主动、吃苦耐劳和严谨高效的态度和方式来对待劳动。而让处于不同年龄阶段的学生都能够有条件去亲身经历劳动过程，需要学校、社会和家庭协同合作，共同创造良好条件和氛围。首先，需要建立相对完善的劳动组织管理机制，从制度层面理顺不同阶段劳动育人的各个环节和相关流程，明确劳动育人与其他教育活动的关系,研究出台相关具体实施办法。其次,需要努力建设劳动平台、打造教师队伍、开辟劳动场地、筹措劳动经费、强化劳动管理，为劳动育人的顺利开展创设必要条件。最后，需要大力弘扬劳动精神、表彰劳动模范，创造尊重劳动、崇尚劳动、热爱劳动的文化环境，为劳动育人营造良好氛围。总之，将劳动作为育人活动的主要内容、形式和载体，进入了劳动育人的实践层面，但从本质上看，劳动仍然还只是作为实现育人目标的手段和途径，依旧停留在对其工具性的定位上。

3. 劳动是评估育人成效的标尺

劳动不仅具有工具性，还具有本体性；劳动不仅是实现育人目的的手段和途径，更是育人目的本身。以学生为中心，促进学生形成正确的劳动价值观，能够辛勤劳动、诚实劳动、创造性劳动，通过劳动实现自我全面发展，这是劳动育人的深层含义。首先，学生能否正确认识劳动，能否自觉从事劳动，能否创造性地开展劳动，是评价劳动育人是否取得良好效果的重要标尺。正确认识劳动是指学生个体在思想认识层面对劳动的作用、价值以及对崇尚劳动、尊重劳动等价值观的理解认同，思想认识上的改造和提升要基于良好的劳动理论教育、劳动实践锻炼和劳动文化熏陶，是学生未来积极投身劳动、实现人生价值的重要前提。其次，自觉从事劳动是对正确劳动价值观的主动践行，是积极正面的劳动态度、劳动品德、劳动精神、劳动本领等诸多要素综合作用的结果，这种劳动既是学生个体迫于生存发展压力的必然选择，也是施展个人才华、促进技能提升和实现人生价值的重要途径。最后，创造性地开展劳动则是一种更高的要求。创造性劳动是学生在摆脱各类束缚牵绊后的劳动，是学生在享有充分自由前提下的劳动，能够充分激发个体主观能动性，更好地实现自我价值和社会价值的有机统一，促进个体全面发展。

综上所述，劳动育人是指将劳动作为实现育人目标的手段、贯穿育人过程的主线和评估育人成效的标尺，通过在劳动中全面提升人的劳动认知、劳动态度、劳动品德、劳动本领等劳动素养，进而促进人的全面发展的教育实践活动。

（四）劳动育人与劳动教育

在分析阐释劳动育人概念的基础上，厘清劳动育人与劳动教育的关系，有助于我们更清晰地把握劳动育人的内涵。具体而言，劳动育人容易与人们经常接触到的劳动教育概念混淆，使人不禁产生疑问：它们仅仅是同一概念的不同表述吗？如果不是，它们之间究竟是什么关系？要解答这些问题，需要对这些概念之间的关系进行探讨。

劳动教育在我国教育实践中长期占据重要地位。为提升学生劳动素养，培养学生形成崇尚劳动、尊重劳动、热爱劳动的价值观念，国家有关部门近年来研究出台了一系列关于劳动教育的政策指导性文件。从概念上看，劳动教育与劳动育人较为相近，都是从劳动对人的教育意义和价值出发，试图以劳动为中介促进人的全面发展。但在实践中，劳动教育往往被视为实现其他教育目的的工具或途径，其工具性作用被过分放大，本体育人价值没有得到充分发挥，这也是长期以来劳动教育被弱化、淡化，在我国整个教育体系中处于短板位置的重要原因。劳动育人与劳动教育密切相关，但与劳动教育相比，其育人目标指向更为清晰。可见，劳动育人概念的提出，对于加强新时代劳动教育具有重要意义。两者之间的关系，可以从三个方面进行简要分析。

1. 劳动教育是劳动育人的关键前提

教育的本质是育人，要实现人的自由全面发展，离不开适时正确的教育引导。现实中有一部分人没有经过学校劳动教育的系统培养，仍然具有较高的劳动素养，还有一部分人尽管接受了学校劳动教育，却不能正确认识劳动，没有掌握基本的劳动技能，甚至连自我生存能力都欠缺。产生这些现象，一方面是因为劳动本身具有影响人、改变人的特性，劳动者虽然没有接受系统劳动教育，但在日常生活劳动中的磨砺中也能够促进自我成长、自我提升，尽管这种成长和提升带有一定的偶然性和盲目性。另一方面，在商品经济社会中出现的功利化、舍本逐末的错误教育倾向，致使劳动教育没有被摆在它应有的位置上，让劳动教育更多地停留在文件里、表现在形式上，没有真正落实落地。因此，过去一段时间劳动教育的效果不佳，绝不是我们今天应该放弃劳动教育的理由。恰恰相反，新时代必须大力加强和改进劳动教育。只有通过扎实有效的劳动教育，促进学生综合素质的整体提升，才能真正实现劳动育人。

2. 劳动育人是劳动教育的目标指向

劳动教育的目标定位出现偏差，是其效果不佳的主要原因。在整个教育价值体系中，人的生成与完善这一内在的目的性价值居于核心地位。[1] 尽管现实生活中教育除了内在的目的性价值以外，同样也存在其他各种外在的工具性价值，但是，一切外在的工具性价值必须建立在人的内在目的性价值的基础之上。[2] 可见，当两种不同的价值追求在教育体系中发生错位时，必然导致严重的教育危机。在新中国教育发展史上，劳动教育在不同时期曾被作为政治教化工具、社会改造工具、生产服务工具等，我国长期坚持的"教育与生产劳动相结合"的教育方针更多的是将劳动教育作为实现其他教育目的的工具和途径，而不是将与劳动相关的内容作为教育目标直接写进教育方针，没有凸显出劳动教育的内在目的性价值。劳动育人的提出为劳动教育进一步明确了目标方向，有助于引导劳动教育回归其育人本质。

---

① 鲁洁：《教育的原点：育人》，《华东师范大学学报》(教育科学版) 2008 年第 4 期，第 15~22 页。
② 鲁洁：《教育的原点：育人》，《华东师范大学学报》(教育科学版) 2008 年第 4 期，第 15~22 页。

3.劳动育人与劳动教育相辅相成，共同指向现实的人

教育的价值在于不断满足人的发展和社会发展需要。人的本质是一切社会关系的总和，人是构成社会的基本要素，是社会发展的根本原因和动力，因此，人的发展是社会发展的必要前提，教育的根本价值在于满足人的发展需要。由此可见，劳动教育必须要求现实的人在场，而人的缺位正是当前劳动教育效果不佳的重要原因。劳动育人和劳动教育都是内在目的性价值和外在工具性价值的有机统一体，相对于劳动教育而言，劳动育人的目标指向性更加明确，与人的距离更近。从某种意义上说，劳动育人正是对当前偏离于外在工具性价值的劳动教育的系统性纠偏，劳动教育也为劳动育人在内容、方法、路径等方面提供关键支撑。两者紧密联系、相辅相成，共同指向实现人的全面发展这一根本目标。[①]

二、全课程劳动育人的规律、形式与特点

习近平总书记在全国高校思想政治工作会议上指出："做好高校思想政治工作，要因事而化、因时而进、因势而新。要遵循思想政治工作规律，遵循教书育人规律，遵循学生成长规律，不断提高工作能力和水平。要用好课堂教学这个主渠道，思想政治理论课要坚持在改进中加强，提升思想政治教育亲和力和针对性，满足学生成长发展需求和期待，其他各门课都要守好一段渠、种好责任田，使各类课程与思想政治理论课同向同行，形成协同效应。"[②] 总书记的讲话明确了高校教育教学和人才培养过程中课程的使命、任务和要求。虽然这段讲话是针对思政课程和课程思政在落实立德树人根本任务过程中的关系而提出的，但这一课程育人规律同样适用于劳动育人领域。全课程劳动育人即以劳动教育必修课程为主渠道，学校其他所有课程都结合自身课程实际，有机融入社会主义劳动价值元素，培养学生的社会主义劳动价值观，实现劳动育人功能。劳动育人"要在学生中弘扬劳动精神，教育引导学生崇尚劳动、尊重劳动，懂得劳动最光荣、劳动最崇高、劳动最伟大、劳动最美丽的道理，长大后能够辛勤劳动、诚实劳动、创造性劳动"[③]。

（一）全课程劳动育人的内在规律

1.立德树人为根本

习近平总书记在全国教育大会上指出，要把立德树人的成效作为检验学校一切工作的根本标准，强调"要把立德树人融入思想道德教育、文化知识教育、社

① 张畅：《高校劳动育人研究：基于新时代的视角》，社会科学文献出版社2023年版，第52页。
② 习近平：《把思想政治工作贯穿教育教学全过程》，新华社，2016年12月8日。
③ 习近平：《论党的青年工作》，中央文献出版社2022年版，第177页。

会实践教育各环节，贯穿基础教育、职业教育、高等教育各领域"①。课程是职业院校人才培养的主渠道，任何专业人才的培养都是通过各类不同的课程所实施所承载的。课程内容的设立也要体现出国家对人才的需求定位，往往表达出特定的价值诉求和明确的价值导向。因此，全课程劳动育人作为一种理念，其本质自然是为了实现立德树人，是为了满足中国共产党领导下的社会主义制度为实现中华民族的伟大复兴对人才的定位和需求。首先，全课程劳动育人是教书与育人相结合的应然体现，蕴含着立体多元的要素结构，即实现劳动知识传授、劳动价值观引领与劳动能力培养的多元统一，以促进学生德智体美劳全面发展，充分发挥全课程劳动育人的综合功能。其次，全课程劳动育人是守正与创新的实然选择，《关于推动现代职业教育高质量发展的意见》明确提出"坚持立德树人、德技并修，推动思想政治教育与技术技能培养融合统一"的工作要求，全课程劳动育人的本质是立德树人，目标是培养德技并修的高素质技术技能人才，既有立场之守正，又体现了方法之创新。

2. 协同育人为理念

全课程劳动育人就是将劳动教育的课程目标和课程内容渗透到专业课程教学过程中去，从而推动学校的每位教师的每门课程都能加入劳动育人中来，实现协同育人。为此，《指导纲要》特别强调了要通过独立开设劳动教育必修课、在学科专业中有机渗透劳动教育、在课外校外活动中安排劳动实践、在校园文化建设中强化劳动文化等途径，将劳动教育纳入人才培养全过程，丰富、拓展劳动教育实施途径，无疑需要多部门的协同配合才能真正落实。学校各教学单位和部门应根据具体职责，聚焦全课程劳动育人具体实施，多向联动、多方协调，形成多维发力的育人空间。教务部门将劳动教育新要求有机融入人才培养方案，制定劳动实践课程的实施与考核方案，将劳动教育与专业教育、通识教育和创新创业教育有机结合，统筹推进规范化、制度化。人事部门出台评价和激励机制，把教师指导学生劳动实践计入教学工作量，并纳入教师职称评聘和年度考核环节。学工部门将劳动教育纳入学生综合评价体系，将劳动教育实践活动成绩纳入学生评优、推优、入党等指标体系中，依托劳动素养监测档案等材料做好劳动教育记录，突出发展性、过程性和质性评价。科研部门加大对劳动教育类科研和教改课题的支持和培育力度，深化劳动教育的理论研究与实践创新。宣传部门负责宣传推广学校劳动教育所取得的成果。各教学单位积极主动对接学校关于全课程劳动育人的要求，充分挖掘课程中的劳动元素，提升全课程劳动育人实效。

---

① 习近平：《论党的青年工作》，中央文献出版社2022年版，第177页。

3. 显隐结合为方法

美国心理学家戴维·麦克利兰的素质冰山模型理论认为，人的素质就像漂浮在海洋上的一座冰山，水面上容易被观察、测量的部分是显性素质，主要包括知识和技能等；水面下不容易被发现和测量的部分是隐性素质，主要包括价值判断、动机、自我认知和个性特质等。两者共同构筑了人的素质整体，从而对人的价值判断、行为方式等产生综合性的影响。全课程劳动育人也正是基于这样一种理念，通过深度挖掘每一门课程中的劳动教育相关元素，并将这些元素按照专业课程特点和学生不同阶段的学习生活需求，有计划、有步骤、分层次、有侧重地融入公共基础课和专业课程教学中去，从而将劳动知识、劳动技能等显性素质教育与劳动精神、劳动观念、劳动态度和劳动习惯等隐性素质教育有机结合并有效统一起来，不断引导学生能够"爱劳动""懂劳动"，不仅能够明劳动之意，更能够明劳动之理，并在今后的职业工作中可以创新性地开展劳动，从而在内心真正体悟和真诚悦纳"劳动最光荣、劳动最崇高、劳动最伟大、劳动最美丽"的道理，能够辛勤劳动、诚实劳动、创造性劳动。通过显隐融合，大力促进学生的自由发展，充分发挥劳动育人的价值功能，将全面协同育人落实落细。

（二）全课程劳动育人的表现形式

1. 课堂教学与实践教学协同

课程教学可以分为课堂教学和实践教学两大环节，每一环节都负有劳动育人的重要使命，两者必须有机结合、协同作用。课堂教学劳动育人以讲述中国故事、弘扬中华优秀劳动文化为媒介，循循善诱，因势利导，让劳动美丽、创造伟大的价值观念润物无声地流进青年大学生的心田，让课堂教学真正成为青年大学生端正劳动态度、涵养劳动情感、养成劳动价值、锻造劳动技能的圆梦舞台。实践教学有着先天的劳动育人优势，有利于理论知识和技能向实践应用转化，应更多地采用体验、参与、生存锻炼的方式，以职业需要的技能获取为导向，以学生的教学中心地位为理念，充分尊重学生的接受情感、接受能力和自主意愿，尽量避免单一、枯燥、繁重的实践教学方式。这样，青年大学生在课堂教学中所获取的理论知识和技能才能内化为成长动能，从而更加激发他们学习理论知识和技能的兴趣，形成知行合一的良性循环。

2. 人文学科与自然学科协同

在同一学科、同一专业的学生培养计划中，一般会包含思想政治理论课程、人文学科课程和自然学科课程。这三类课程并不是孤立存在、互不联系的，它们需要协同配合，共同肩负起包括劳动育人在内的育人功能。全课程劳动育人，思政课程当仁不让，必须旗帜鲜明、理直气壮，必须在青年大学生中厚植社会主义劳动情怀，把热爱劳动、尊重劳动、赞美劳动、诚实劳动、创造劳动的观念自觉融入教书育人的行动之中，体现在思政课教师工作生活的方方面面，用言传身教感染学生、激励学生。哲学社会科学等人文学科课程有着劳动育人的先天优势，在知识传授的同时，可以讴歌"吟安一个字，捻断数茎须"的艰辛创作，可以赞美"路漫漫其修远兮，吾将上下而求索"的奋斗精神。自然科学类课程也应在讲授自然科学成果之外，讲述科学家的成长故事、心路历程、研究情怀和屡败屡战的初心与坚守，从而对青年大学生的学习、成长起到润物无声的教化作用。

3. 显性教育与隐性教育协同

隐性教育即在思想政治教育施教过程和受教过程中，教育者运用恰如其分的教育方法、手段、载体，通过有意识地隐藏教育目的，将意识形态、价值引领的教育性因素渗透、融入教育内容、教育目标、教育过程中，让受教育者不知不觉地接受教育者的预先安排与设计，最终达到"润物无声"的教育境界。[①] 要实现显性教育与隐性教育的协同劳动育人，关键在于除思政课程之外的其他课程如何充分挖掘自身蕴含的劳动育人资源：① 隐性劳动育人关键在教师，要有信仰、有情怀、有思想、有学识、有底线、有人格；② 隐性劳动育人细节在课堂，教学环节要精心设计、课程情境要轻松愉悦、育人元素要巧妙嵌入；③ 隐性劳动育人方式在无形，劳动价值观要不易察觉又藕断丝连，教育内容要植根于中华文化又来源于现实生活，受教育者要欣然接受又要深受熏陶。

4. 现实课程与虚拟课程协同

在互联网科技日新月异的今天，网络虚拟课程一方面对传统的现实课程的劳动育人功能造成很大的冲击，另一方面也给全课程劳动育人带来生机和活力。网络虚拟课程彻底颠覆了传统的教学一体的教学模式，使得教与学产生时空和内容上的分离。网络课程资源就在那里，学生可以听课也可以不听课，可以白天上课也可以晚上上课，可以回放收看也可以快进放弃，可以单独听课也可以集体听课。西方资本主义国家也会通过互联网巧妙和隐蔽地传播其主流的劳动价值观，这就给我们的全课程劳动育人带来极大的挑战，如果我们仍然以过去的现实课程的眼光看待网络虚拟课程，就难以抓住青年大学生的心理，实现培养社会主义劳动者的教育目标也就成了空中楼阁。因为单纯的网络虚拟课程无法实现劳动育人的全部功能，所以必须做到网络虚拟课程与现实课程协同劳动育人：① 打造网络劳动育人"金课"。精选中华传统文化中体现社会主义劳动价值观的故事、作品，声情并茂，图文共鉴，用中国故事讲述中国精神，充分调动学生的学习积极性和主

---

① 巩茹敏、林铁松：《课程思政：隐性思想政治教育的新形态》，《教学与研究》2019 年第 6 期，第 45~51 页。

动性。② 建设高质量劳动育人慕课。建设精品开放课程等网络课程应当适当增加创新、创意、创客、创业等劳动育人元素，在申报、认定、建设和检查时充分考虑劳动育人功能的成效，建立健全劳动育人功效考查的长效机制。③ 推动现实虚拟课程学分互认。修订专业培养方案，明确网络虚拟课程的地位，适当增加劳动育人课程学分，打通现实劳动育人课程与网络虚拟课程的界限，实现学分互认，激发学生网络课程学习的兴趣。

（三）全课程劳动育人的主要特征

1. 以"劳动"为核心要素

《指导纲要》要求在大中小学设立劳动教育必修课程、将劳动教育纳入人才培养全过程，从而解决现实中"只要你把书念好，其他的事都不用管"带来的一些青少年不珍惜劳动成果、不想劳动、不会劳动的问题。重塑劳动的独特育人价值，有目的、有计划地组织学生参加日常生活劳动、生产劳动和服务性劳动，让学生动手实践、出力流汗，接受锻炼、磨炼意志，培养学生正确劳动价值观和良好劳动品质，是劳动育人的题中应有之义。因此，"劳动"是全课程劳动育人的核心要素。劳动教育是德、智、体、美基本素养培育到真正的"生产劳动"实践的"中介环节"。[①] 实际的教育生活并不像我们在逻辑上对教育目标的切分那样，德、智、体、美、劳泾渭分明。实际教育生活中的"五育"其实只有一体，那就是"教育"。新时代的劳动教育一定要和其他教育融合实施。如何在劳动教育实践中，实现与德、智、体、美诸素养培育的自觉、有机的联结的问题，是全课程劳动育人的关键。

首先，劳动树德。构建正确的价值观是德育的重要课题。习近平总书记在2018年9月全国教育大会上的讲话中有关劳动教育论述的重点是劳动价值观教育，"要在学生中弘扬劳动精神，教育引导学生崇尚劳动、尊重劳动，懂得劳动最光荣、劳动最崇高、劳动最伟大、劳动最美丽的道理，长大后能够辛勤劳动、诚实劳动、创造性劳动"[②]。区别于中小学教育，对于大学生来说，一个非常重要的实践维度就是它的思想实践，它的实践更多的是要用思想去改变、去引领、去完善我们当下所处的这个劳动世界，使得这个劳动世界对于个人来讲更幸福、对于社会来讲更加正义。因此，除了一般意义上教育学生热爱劳动、热爱劳动人民、珍惜劳动果实、摒弃不劳而获的错误价值观等教育目的，对大学生来说，更重要的是如何确认劳动创造历史、劳动创造人本身等社会历史命题，如何认识脑力劳动、体力

---

① 檀传宝：《如何让"劳动"成为一种"教育"？：对劳动与劳动教育的概念之思》，《华东师范大学学报》（教育科学版）2022年第6期，第97~104页。
② 习近平：《论党的青年工作》，中央文献出版社2022年版，第177页。

劳动的重要价值从而公正对待不同岗位的劳动者，如何通过劳动获得尊严、如何克服劳动异化所导致的种种弊端，不被事物的现象所迷惑而动摇其对社会主义制度优越性的认识。大学生劳动价值观的教育任务其实是十分艰巨复杂的，但唯有激发大学生主体对劳动价值观的内在认同，努力完成劳动价值观教育这一任务，劳动才能真正成为一种具有"教育性"的活动。

其次，劳动增智。劳动育人必须完成的一个重要任务就是要有意识地在劳动实践中努力促进学生现代科技的学习与智慧水平的提升。教育家苏霍姆林斯基曾经明确指出，"儿童的智慧出在他的手指上""儿童和青少年的手已掌握或正在掌握的技艺越高明，他就越聪明，他深入分析事实、现象、因果关系、客观规律的能力也表现得越突出"[1]。在劳动教育中"如果少年看到，在体力劳动中可以解决智力课题，可以实现他的意图，那么他就会创造性地进行劳动，并在普通劳动中也享受着丰富的精神生活"。因此，"教师的任务在于，鼓励学生从事有趣味的、富有创造性的劳动。智力和体力在这种劳动中的结合，正是使年轻一代得到思想锻炼的条件"[2]。当代劳动一个非常突出的特点就是其科技含量的空前提升，个体缺乏必要的科技素养不仅会影响其将来在劳动世界中的竞争力，而且也会深刻影响和制约中华民族伟大复兴中国梦实现的进程。[3]这反过来对劳动育人提出了新的要求。因此，即使是以传统劳动形态作为当下劳动育人的载体，我们同样也必须坚持从生产力发展进步的立场去设计相关的教育活动，这样才能够切实体现新时代劳动育人的新使命。

再次，劳动强体。有意识地在劳动锻炼中实现体格、体魄等身体素养的全面提升是劳动育人的一个重要功能。从劳动所具有的体育价值上说，许多人都强调的劳动教育要让学生"动动手，流流汗"有一定的合理性，但劳动育人中的劳动并非只是"一种单纯消耗体力的过程"，一定要结合大学生的专业来开展。如果不分学科专业，让所有的学生都到工厂去干活、到田间去插秧，学生固然参与了劳动，在一定程度上能够锻炼其体魄，但这种所学非所用的劳动无法淬炼更高层次的劳动品格和劳动意志，无法满足大学劳动育人的内在要求。大学生与中小学生的不同就在于，他们基本上都属于成年人，是完全有可能胜任和承担具体真实的劳动任务的。因此，大学生的专业劳动实践，应该与更为真实的劳动相结合，更加突出其劳动的真实性，让大学生能够将在中小学习得的劳动素养和在专业模

---

① 肖甦：《苏霍姆林斯基教育智慧格言》，人民教育出版社2014年版，第246页。
② 肖甦：《苏霍姆林斯基教育智慧格言》，人民教育出版社2014年版，第245页。
③ 班建武：《大学劳动教育的学段特征及其实践要求》，《中国高教研究》2022年第5期，第60~64页。

拟实践中掌握的劳动技能运用到真实的劳动场景中，才能让大学生真正领悟强健的体魄、坚强的意志对于完成真实劳动任务的重要意义，从而促进其身体的均衡健康发展，尤其是体力与脑力的均衡发展、身体素养与精神强健的统一。

最后，劳动育美。马克思认为劳动创造了美。在《1844年经济学哲学手稿》中，马克思指出："动物只是按照它所属的那个种的尺度和需要来构造，而人却懂得按照任何一个种的尺度来进行生产，并且懂得处处都把固有的尺度运用于对象；因此，人也按照美的规律来构造。"① 劳动创造了美，具有双重含义，一是指劳动生产了美的产品，二是指劳动本身即是审美性的活动。劳动与美具有天然的紧密联系，也正是基于这种联系，劳动美学应运而生。在劳动生产实践全过程中融入美的理念和要素，将劳动主体、劳动工具、劳动环境、劳动过程、劳动产品等全要素和流程进行美化，从而实现以劳育美。新时代，渗透到大众日常生活中的审美化现象越来越普遍，艺术和日常生活之间的距离被逐渐消弭。在日常生活审美化的时代语境下，以劳育美既具有内在逻辑，也是基于劳动教育需要，审美教育渗透其中，给予其指导和陶冶，美育的实施需要以劳动为载体。

2.以"课程"为主要载体

开展劳动育人，除了将引导大学生亲历劳动过程放在第一位，还必须重视与劳动相关的课程教学的作用，通过加强相关课程载体的建设，切实保障劳动育人效果。职业教育可以有三类劳动教育的课程形态：

第一，劳动哲学专门课程，这一课程可以与已有的政治理论课、通识教育课程结合。因为专业课程有其自身的使命，很难完成有关劳动哲学、劳动价值观等方面系统、专门、深入的教育——而这些教育有可能是当代高等教育、职业教育所急需补强的一部分。②

第二，专业课程与劳动教育的有机联结，强化专业学习与社会生产生活的联系，以强调专业伦理、研究伦理，强调脑力劳动与社会责任的关联。

第三，在以上两类课程的基础上，也可以有直接或者专门的劳动实践类课程，但应当与专业学习有直接、内在的联系。需要指出的是，劳动育人课程载体建设是一个系统工程，涵盖劳动育人的指导思想、教学目标、教学方法、课时场地、教材建设、师资建设等方面，需要与劳动教育相关的学科支撑和大量人力物力的投入保障。对此，学校应明确课程化建设是保障劳动育人科学化、实效化的重要前提，在顶层设计和具体实施中大力加强对劳动育人课程载体建设的统筹谋划和

---

① 《马克思恩格斯选集：第一卷》，人民出版社2012年版，第47页。
② 檀传宝：《如何让"劳动"成为一种"教育"？：对劳动与劳动教育的概念之思》，《华东师范大学学报》（教育科学版）2022年第6期，第97~104页。

精准投入，着力打造一批劳动育人精品课程，全面提升劳动教育和人才培养质量。

3. 以"全"体现协同融入

通过互联网和中国知网检索"全课程"有关内容，研究成果多围绕着"高等教育"学科、"课程思政"主题或"初等教育"学科、"全课程"主题展开。也就是说，高等教育学科中对于"全课程"的研究，多以课程思政为主题，占到知网文献的近50%（154/321），旨在通过全课程育人体系构建，实现思政课程与课程思政协同育人的教育目标。2015年，四川大学提出"全课程核心价值观"教育理念，其本意是将弘扬和践行社会主义核心价值观作为深度推进教育教学改革创新，构建"思政课程＋课程思政"育人大格局的重要遵循。[①]2017年，徐建光发表文章阐释全课程育人，其主要内容是介绍上海中医药大学的全课程育人经验，即"通过全方位教学设计、全过程引导推进，将思想政治工作'润物细无声'地融入教育教学，实现了'思政课程'到'课程思政'的转身"。[②]无论是"思政课程＋课程思政"，还是"思政课程"到"课程思政"，高等教育学科视域中的全课程，都与思政课程与课程思政有着密不可分的关系。

而将全课程作为一种教学理念、课程改革方向或教学模式广泛推广的研究则主要集中在小学阶段，以培养"全人"为目标，采用"主题式"教学，能打破传统课改单学科推动的壁垒，实现各门学科之间的联动[③]，主要形式为包班制教学。2012年，教育策划人李振村策划的综合教育研发机构——当代教育家研究院成立，其自身定位为中国民间最具创意的教育智库，其下属国内第一个专门研究"全课程"的研究所，名为"全课程"教育实验研究所，与北京亦庄实验小学全面深度合作，以北京亦庄实验小学为首个实验基地，系统探索"全课程"教育体系，目前国内有常州、克拉玛依、西宁、青岛、北京十一学校一分校等多个城区和学校跟随实验。其研究关注的重点是孩子天性的展开及其在此过程中是否获得快乐的体验，急需的教师素质是对孩子个性的包容态度与欣赏眼光。在全课程背景下，知识被赋予过程性、体验性和生命性。

高等教育与基础教育为不同的学段，但对于全课程教学的探索都是力图通过学科、课程协同联动，实现全面育人目标，其内在规律具有一致性。当然，高等教育学科与基础教育学科内涵不同，高等教育属于专业教育范畴，是依托学科专业而进行的学术活动场所，专业性是高等教育区别于基础教育的突出特点，还是

---

① 《社会主义核心价值观融入学校教育全过程 知行合一 激扬青春》，《四川日报》2015年9月16日。

② 徐建光：《坚持全课程育人 深化课程思政改革》，《上海教育》2017年第12期，第14页。

③ 潘莹莹：《小学低年级"全课程"教育及其实施》，《当代教育评论》2018年第8辑，第42~46页。

要保留较为清晰的学科界限，立足学科的学术内涵和传承脉络，结合学科专业开展生产劳动和服务性劳动，积累职业经验，培育创造性劳动能力和诚实守信的合法劳动意识，发挥专业课程特色开展劳动教育，即"课程劳育"①。因此，全课程劳动育人之"全"借鉴课程思政工作"各门课程都有育人功能，所有教师都负有育人职责"的工作思路，体现出课程体系的协同劳动育人和课程内容有机融入劳动元素，不仅仅是指所有课程，而是指参与范围、参与过程、参与广度之"全"，与大思政课之"大"有相通之处。

4. 以"育人"为根本目标

从逻辑上说，"全课程"是载体，其最终目标是实现劳动教育的"育人"目标。

首先，从教育活动的命名逻辑可以明显看出，一项教育活动区别于其他教育活动最主要的特征就在于其所要实现的目标的特殊性。劳动教育之所以有别于德智体美四育，是因为其要培养劳动素养的育人目标是其他四育所不专注于此的。因此，全课程劳动育人的目标在"育人"。

其次，从当前有关劳动教育的政策文本来看，劳动教育的价值取向主要还是从实现育人目标层面落实劳动教育，因此非常强调通过学科专业渗透的方式来开展劳动教育。这些学科专业虽然并不都包含劳动，比如非劳动形态的教育资源如诗歌、劳模事迹等，但它们同样具有涵养学生劳动素养的教育功能，可以实现劳动教育培养劳动素养、培养劳动者的"育人"目标。

最后，对于劳动教育实践而言，要切忌迷恋将劳动视为教育的载体，片面强调让学生参加各种形式的劳动，却忽视了学生在劳动中的素养发展这一更为关键的育人目标问题。因为劳动自身所具有的育人价值只是一种可能性的存在。并不是说一个人劳动越多，他的劳动素养就一定越高。如果个体在劳动中并未得到有效的教育引导，那么，劳动所要求的人的体力和智力的付出极有可能会引发人的不舒适感，进而导致个体对劳动的厌倦和逃离。这是有悖于劳动育人的初衷的。因此，包括劳动教育在内的整个教育，都应该在"育人"目标的引领下开展具体实践。

三、高职院校全课程劳动育人的时代价值

党和国家历来高度重视青少年劳动教育，党的十八大以来，习近平总书记多次围绕劳动、劳动者、劳动精神、劳动者素质等内容进行深刻阐述。究其本质而言，"劳动教育是发挥劳动的育人功能，对学生进行热爱劳动、热爱劳动人

---

① 刘志军：《职业院校"课程劳育"实施的难点及应对策略》，《职教论坛》2020年第9期，第145~150页。

民的教育活动"①。从实践情况看，高职教育按照岗位需求进行专业（群）和课程（群）设置，注重培养岗位所需的能力和素质。职业的基础是劳动，职业教育本质上是技术技能教育，体现出鲜明的劳动育人特征。因此，在高职教育中，始终贯穿着劳动教育，充溢着劳动要素，注重把劳动精神、劳模精神、工匠精神的培养作为立德树人的重要内容和有效抓手，并有机融入学校课程培养体系和课堂教学主渠道。高职院校劳动育人的关键在于开展全课程劳动育人，其核心内涵就是充分发挥高职教育开展劳动教育的天然优势，将劳动教育元素渗透到各类课程的教学过程之中去，发挥全课程劳动育人合力，帮助学生正确体认劳动、提高基本劳动能力、形成良好的劳动习惯、树立正确的劳动价值观和良好的劳动品质。高职院校全课程劳动育人的扎实推进具有鲜明的时代价值。

（一）全面贯彻新时代党的教育方针的内在要求

党的十八大以来，党和国家出台了一系列有关劳动教育的政策文件，对劳动教育进行了系统的顶层设计，搭建好劳动教育的四梁八柱，深刻阐述了劳动对个人发展和社会进步的重要意义。2018年，习近平总书记在全国教育大会上强调，要构建德智体美劳全面培养的教育体系，把劳动教育纳入社会主义建设者和接班人的总体要求。新时代劳动教育重新回归到教育目标中，成为"五育并举"的有力支撑。2021年4月，最新修订的《中华人民共和国教育法》提出，"教育必须为社会主义现代化建设服务、为人民服务，必须与生产劳动和社会实践相结合，培养德智体美劳全面发展的社会主义建设者和接班人"②，以教育立法的形式界定和厘清了教育与生产劳动和社会实践之间密不可分的关系，用严谨清晰的表述回应了新时代劳动教育的重大关切，开创了新时代中国特色社会主义劳动教育的新境界。

据统计，2020年全国共有普通高校2 738所，其中高职（专科）院校1 468所，约占高等院校总量的54%。可见，作为高等教育的重要类型，高职院校已成为高等院校的"半壁江山"，承担着为全面建设社会主义现代化国家培养高素质劳动大军、提供技术技能人才保障的重要任务。

高职院校全课程劳动育人的依据充分，是党和国家劳动教育政策落实落地的主要场域，在构建德智体美劳全面培养的教育体系中发挥着重要作用。首先，党和国家明确提出，要将劳动教育"纳入中小学国家课程方案和职业院校、普通高

---

① 《教育部印发〈大中小学劳动教育指导纲要（试行）〉》，教育部网，2020年7月15日。
② 《全国人民代表大会常务委员会关于修改〈中华人民共和国教育法〉的决定》，《人民日报》
2021年4月30日。

等学校人才培养方案，形成具有综合性、实践性、开放性、针对性的劳动教育课程体系"①，这为高职院校全课程劳动育人提供了重要依据。其次，高职院校全课程劳动育人要求明确。国家因地制宜地就职业院校劳动教育开展形式、内容和课时作出明确的规定，"以实习实训课为主要载体开展劳动教育，其中劳动精神、劳模精神、工匠精神专题教育不少于16学时"②。最后，高职院校全课程劳动育人路径鲜明。在主要依托劳动教育课程的基础上，"其他课程结合学科、专业特点，有机融入劳动教育内容"③，从而有效地发挥劳动教育必修课程和其他课程的协同育人合力。由此可见，全课程劳动育人是构建高职院校德智体美劳"五位一体"全面育人体系的应有之义，也是贯彻新时代党的教育方针的内在要求。

（二）推动现代职业教育高质量发展的必由之路

培养适应现代社会分工、"德技并修"的高素质高技能劳动者，是职业教育的鲜明特色，也是高职院校人才培养的鲜亮底色。2021年10月，中共中央办公厅、国务院办公厅印发《关于推动现代职业教育高质量发展的意见》，指出在全面建设社会主义现代化国家新征程中，职业教育前途广阔、大有可为，为未来职业教育发展指明了方向，明确要求"坚持面向实践、强化能力，让更多青年凭借一技之长实现人生价值"。劳动实践是锤炼技能的基本途径，因此肇始于劳动实践的职业教育与劳动教育一脉相承。现代职业教育高质量发展有赖于高职院校人才培养质量的整体提升，其中也内在地包括劳动教育质量的强化。

高职院校的课程建设具有鲜明的实践特色。一是在课程设计理念上，秉持"职业院校实践性教学课时原则上占总课时一半以上，顶岗实习时间一般为6个月"的原则，重在强调培养提高学生适应个人生活、企业生产和服务社会的劳动所需的专业技能，这与劳动育人的实践性目标相契合。二是在课程建设思路上，高职院校深入探索"校企双元、工学结合"培养模式，突出产教融合、校企合作的办学特色，有效利用实践育人优势，充分彰显劳动要素。三是在教学组织上，注重从任务驱动、项目教学、实践体验和考核评价方面形成闭环，更加注重劳动过程、劳动成果、教育成效的有机融合，为高职院校劳动教育奠定坚实的实践基础。四是在师资队伍上，培养一批既懂知识又懂实操的"双师型"教师，推动高职院校劳动育人理念和深度实践落地生根。随着全国职业教育大会精神的贯彻落实，高职院校全课程劳动育人的扎实探索必将成为推进现代职业教育高质量发展的重要动力。

---

① 《中共中央国务院关于全面加强新时代大中小学劳动教育的意见》，新华社，2020年3月26日。
② 《中共中央国务院关于全面加强新时代大中小学劳动教育的意见》，新华社，2020年3月26日。
③ 《中共中央国务院关于全面加强新时代大中小学劳动教育的意见》，新华社，2020年3月26日。

（三）提升新时代劳动育人实践成效的现实诉求

纵观新中国 70 多年的发展轨迹，教育与生产劳动相结合，在为社会主义现代化建设服务、促进人的全面发展等方面发挥了不可替代的作用。但受到多种因素的影响，我国的劳动教育也面临着严峻的挑战。尤其值得重视的是，"近年来一些青少年中出现了不珍惜劳动成果、不想劳动、不会劳动的现象，劳动的独特育人价值在一定程度上被忽视，劳动教育正被淡化、弱化"，青少年的劳动态度、劳动品质和劳动能力退化，实践育人的成效受到一定程度的影响。

高职院校立身之本在于立德树人，其课程设置理应体现国家对于人才需求的定位，传达出明确的价值导向。尽管高职院校在课程建设过程中一贯注重学生的劳模精神、工匠精神、敬业精神的培养，但从实践效果看，与建设教育强国的要求相比，还存在一定差距。针对高职院校的一项调研显示，83.66% 的高职院校教师认为，当前职业院校学生劳动观念和劳动能力不强，迫切需要加强劳动教育；81.25% 的高职院校教师认为，加强劳动教育是培养新时代高素质劳动者的迫切需要。[1] 中国青年报社社会调查中心 2020 年开展的一项调查显示，96% 的受访青年对加强青少年劳动教育表示认同。[2] 可见，高职院校迫切需要充分发挥劳动的独特育人价值，积极探索具有高职特色的劳动教育模式，回归劳动教育的应然本质，提升实践育人成效。

---

[1] 杨秋月：《新时代职业院校劳动教育的价值逻辑：应然、异化及回归》，《高等职业教育探索》2020 年第 1 期，第 8~14 页。

[2] 《96.0% 受访青年认同加强青少年劳动教育》，《中国青年报》2020 年 12 月 24 日。

| 第二章 |

高职院校全课程劳动育人的多元探索

当前，全国大中小学都在主动探索新时期劳动育人的实践路径，并积累了诸多宝贵的经验。高职院校也结合自身的类型和学段特点，在劳动育人的内容和形式等方面进行了广泛而有益的探索，对这些探索进行梳理和总结，将为本研究提供可靠的实践参考。本部分侧重于文本分析研究，将研究对象确定为25个高职院校颁布的劳动教育实施方案，以及全国职业院校劳动教育经验交流会上25所高职院校的劳动教育经验总结，除去两部分中重复的院校，本研究共涉及高职院校46所。同时对高职院校部分师生进行了实地访谈（访谈提纲见附录），从中梳理出目前高职院校在全课程劳动育人方面所做的探索。

截至2023年6月底，通过搜索引擎和各学校的官方网站，研究团队共收集到25所高职院校劳动教育实施方案的文件。其地区分布情况为江苏5所，辽宁3所，浙江、安徽、贵州、广东、江西、重庆各2所，河北、四川、湖北、云南、内蒙古各1所，见表2-1。

表2-1　25所高职院校劳动教育实施方案情况一览表

序号	学校名称	制定时间	统筹协调机构	具体牵头部门
1	毕节职业技术学院	2021-03-16	劳动教育工作领导小组	劳动教育工作领导小组
2	包头铁道职业技术学院	2022-09-23	教务处	教务处
3	常州机电职业技术学院	2020-12-22	—	—
4	滁州职业技术学院	2020-10-13	劳动教育工作领导小组	劳动教育工作领导小组
5	广东南华工商职业学院	2021-02-08	劳动教育领导小组	劳动教育领导小组
6	贵州轻工职业技术学院	2021-10-28	劳动教育课程实施领导小组	劳动教育工作领导小组

表2-1（续）

序号	学校名称	制定时间	统筹协调机构	具体牵头部门
7	杭州职业技术学院	2022-07-01	劳动教育工作领导小组	劳动教育工作领导小组
8	河北软件职业技术学院	2021-06-07	劳动教育领导小组	教务处、学生处、宣传部
9	江西航空职业技术学院	2022-04-25	校办公室	校办公室
10	江西水利职业学院	2022	劳动教育工作领导小组	教务处
11	荆州理工职业学院	2020-11-18	教务处	教务处
12	南京城市职业学院	2021-11-11	劳动教育协调小组	劳动教育协调小组
13	南京工业职业技术大学	2020-12-28	劳动教育工作领导小组	学工处
14	深圳职业技术大学①	2020-07-03	劳动教育工作领导小组	劳动教育工作领导小组
15	四川职业技术学院	2020-09-24	劳动教育实践课管理委员会	学生工作部
16	苏州工业职业技术学院	2021-09-24	劳动教育工作领导小组	劳动教育工作领导小组
17	皖西卫生职业学院	2020-12-23	劳动教育工作领导小组	劳动教育工作领导小组
18	西安航空职业技术学院	2021-05-12	劳动教育工作领导小组	劳动教育工作领导小组
19	扬州工业职业技术学院	2021-04-09	劳动教育工作领导小组	劳动教育工作领导小组
20	云南锡业职业技术学院	—	劳动教育组织机构	劳动教育组织机构
21	辽宁机电职业技术学院	2020-12-09	劳动教育工作领导小组	教务处
22	辽宁轻工职业学院	2020-09-09	教务处	教务处
23	重庆电子工程职业学院	2021-07	党委学生工作部	党委学生工作部
24	重庆工业职业技术学院	2020-05-25	劳动教育领导小组	党政办
25	浙江经济职业技术学院	2021-10-29	学校劳动教育领导小组	团委、学工部、教务处

① 2023年6月，教育部批准以深圳职业技术学院为基础整合资源设立深圳职业技术大学。本书中除文件中视时间使用"深圳职业技术学院"外，其他均使用"深圳职业技术大学"。

2021年10月，全国职业院校劳动教育经验交流会在长沙举行。以此次会议为契机，教育部职成司征集了职业院校劳动教育典型工作方案90例，组织专家精选了50例汇编成册。笔者选取了其中25个来自高职院校的案例作为分析对象。其地区分布情况为福建3所，江苏、辽宁、浙江、江西、湖南各2所，上海、河北、吉林、黑龙江、新疆、山东、甘肃、河南、广西、重庆、广东、四川各1所。这25所高职院校的劳动教育经验总结见表2-2。

表2-2　25所高职院校劳动教育经验总结一览表

学校名称	主要经验做法
阿克苏职业技术学院	1. "以劳树德"，优化育人体系。 2. "以劳增智"，提升专业技能。 3. "以劳强体"，提升强国本领。 4. "以劳育人"，提升综合素养
长春职业技术学院	1. 搭建劳动教育平台。 2. 构建劳动教育课程体系。 3. 通过开展垃圾分类、劳动安全、劳动周等教育和实践活动，建立起学生的劳动实践体系。 4. 建立中国结设计与制作、书法、烹饪、实用生活技能（实用绳结编制、简易垃圾箱折叠）等多个社团，以兴趣引导学生深入领会工匠精神。 5. 以劳动教育课程体系为主进行评价。 6. 以校园迎新、大型节庆展演、校园微信公众号等为主要宣传方式，通过宣传片、微电影等方式在抖音、火山等大型社交平台进行劳动教育宣传，提升劳动教育效果
长沙航空职业技术学院	1. 统筹谋划，做好"三课并行"劳动教育体系架构顶层设计。 2. 协同推进，打好"三课并行"劳动教育体系实施的"组合拳"。 3. 强化支撑，筑牢"三课并行"劳动教育体系运行保障条件
成都职业技术学院	1. 强化顶层设计，创新构建劳动教育实践管理体系。 2. 注重知行合一，创新构建劳动教育课程体系。 3. 打破场域局限，创新构建劳动教育实践基地。 4. 坚持引培结合，建成高水平劳动教育师资队伍。 5. 补齐评价短板，构建常态化劳动教育考核评价体系
石家庄铁路职业技术学院	1. 构建一套新时代劳动教育体系。 2. 打造一系列劳动教育特色品牌活动。 3. 培育一批新时代铁路工匠
重庆电子工程职业学院	1. 强化劳动教育，孕育工匠精神，构建重点"1+8+N"劳动教育课程及实践体系。 2. 劳动教育与"六讲五不"有机融合——以劳树德，以劳增智，以劳强体，以劳育美。 3. 建立校内外劳动实践量化评价体系。

表2-2（续）

学校名称	主要经验做法
重庆电子工程职业学院	4. 以劳动教育为载体，成立校内外劳动教育实践基地，推进区域经济发展，助力乡村振兴。 5. 建立党委领导下的劳动教育保障机制
德州职业技术学院	1. 课程融入树价值。 2. 实践锻炼强理念。 3. 文化熏陶铸精神。 4. 协同评价作保障
福建林业职业技术学院	1. 把握教学劳动实践，提升专业素质。 2. 开展社会劳动实践，提升综合素养。 3. 落实职业劳动实践，提升就业能力。 4. 推动志愿劳动服务，提升责任意识。 5. 加强军事劳动训练，提升身心素质
广东农工商职业技术学院	1. "紧跟农时、且耕且读"的耕读劳动教育理念。 2. 实施平台建设、载体构建、精品打造三大行动。 3. 构建课程、队伍、科研等八项保障体系
黑龙江幼儿师范高等专科学校	1. 劳动教育实践周活动成效显著，结合高中起点三年制学生的特点，开展劳动教育实践月活动。 2. 将劳动教育融入学科建设和课程设置中，以课堂、教育实践教学为主阵地。 3. 结合四季变化创设劳动教育场景与内容，将劳动健体融入活动之中。 4. 开展"学会收纳艺术，有条不紊一生"劳动实践活动第二课堂。 5. 运用童话剧，使幼儿在轻松愉快的氛围中潜移默化地接受教育
湖南铁道职业技术学院	1. 构建"四级"联动机制。 2. 制定系列劳动教育制度与标准。 3. 搭建"五层"技能劳动教育内容体系。 4. 打造"四融"培养模式，聚焦"湖南铁道特质学生"培养。 5. 强化劳动教育基地建设，聚焦"劳动实践与服务"
江西电力职业技术学院	1. "三引领"紧密契合职业教育的关键和核心。 2. "五到位"深刻体现劳动教育的本质和要求
济源职业技术学院	1. 建立标准、改变习惯，潜移默化育人成才。 2. 创新形式、设置场景，实践体验感悟道理。 3. 抓住时节、紧扣细节，促进劳动习惯自觉形成
金华职业技术学院	1. 融合课程，开发"菜单式"课程。 2. 融通平台，打造"开放式"基地。 3. 融汇师资，实施"协作式"指导。 4. 融育文化，开展"沉浸式"活动

表2-2（续）

学校名称	主要经验做法
九江职业技术学院	1. 构建"四位一体"的工匠精神培育体系。 2. 创新"双元三阶"的工匠精神培育模式。 3. 打造"德技双馨"的工匠之师育人队伍
兰州石化职业技术学院	1. 以劳树德，做好顶层设计。 2. 以劳增智，促进技能提升。 3. 以劳强体，磨炼意志品质。 4. 以劳育人，提升综合素养
黎明职业大学	1. 完善体制机制，健全劳育课程体系。 2. 把握育人导向，构建劳育培养模式。 3. 融合内外资源，锻造劳育师资队伍。 4. 坚持多元标准，完善劳育评价制度
辽宁石化职业技术学院	1. 在现代学徒制人才培养中传承工匠精神。 2. 在专业环境建设中涵育工匠精神。 3. 在专业文化建设中融入工匠精神。 4. 在办学体制机制创新中培养工匠精神。 5. 在服务中小学劳动教育实践中培养"未来工匠"
辽宁机电职业技术学院	1. 创新提出"三段八步九环"的线上线下混合式教学模式。 2. 创新融合"有情有意"的双主线课程思政。 3. 创新开发"趣味横生"的信息化资源
柳州铁道职业技术学院	1. 与辅导员主题教育相融合，构建劳动教育课程体系。 2. 与日常教育相融合，构建劳动日常教育体系。 3. 与第二课堂相融合，构建劳动教育自我管理体系。 4. 与社会实践相融合，构建劳动实践育人体系。 5. 与专业课程相融合，构建全程劳动教育体系。 6. 建立综合测评体系，健全劳动素养评价制度。 7. 培育劳动教育品牌，发挥劳动教育辐射作用
湄洲湾职业技术学院	1. 打造五行课程，强化工匠精神认知。 2. 推进四化实践，强化工匠精神体验。 3. 实施三师共育，强化工匠精神示范。 4. 联动二域文化，强化工匠精神熏陶
上海城建职业学院	1. 形成以劳模（工匠）精神引领的育人新机制。 2. 取得以劳模（工匠）精神引领的"三全"育人新成果。 3. 提升以劳模（工匠）精神引领的育人模式社会影响
苏州农业职业技术学院	1. 设立劳动教育研究中心，培养知农爱农新型人才。 2. 加强劳动教育课程建设，构建课程教材体系。 3. 深化科教协同、产教融合，多渠道拓展实践教学场所。 4. 专兼结合，全面加强劳动教育师资队伍建设。 5. 广泛开展劳动教育实践，继承发扬优秀农耕文化

表2-2（续）

学校名称	主要经验做法
扬州工业职业技术学院	1. 以"四位一体"为主线，打造劳动教育课程体系。 2. 以"三个促进"为抓手，培育劳动教育师资队伍。 3. 以"功能转型"为导向，开辟劳动教育实践基地
浙江旅游职业学院	以9大举措助力实施：一项劳育文化品牌、一门劳动教育精品课、一组劳动专业融合工作坊、一系列劳动育人研究平台、一批校企劳动育人实践基地、一组美丽校园实践活动、一批社会服务队伍、一次顶岗实习劳动实践、一套智慧劳育评价系统

笔者根据以上46所样本院校的劳动教育实施文件和实践探索为主要参考，从以下五个方面总结了高职院校在全课程劳动育人方面所做的多元探索。

一、探索之基：独立开设劳动教育必修课程

《意见》明确要求"根据各学段特点，在大中小学设立劳动教育必修课程，系统加强劳动教育"。《指导纲要》进一步明确"职业院校开设劳动教育必修课，不少于16课时"。因此，按照文件政策规定开设劳动教育必修课是各高职院校贯彻落实党和国家教育政策的基本要求。

分析25所高职院校的实施方案发现，虽然有个别学校在出台劳动教育实施方案时并没有明确要求设置劳动教育必修课程，但在后续的实践中也都陆续增设了。如2020年7月印发的《深圳职业技术学院加强和改进劳动教育实施方案》中没有关于开设劳动教育必修课程的规定，而是将劳动教育内容纳入原有的"体验性实习（社会实践）"课程中。但在2022年《深圳职业技术学院〈劳动教育〉课程（专科层次）课程考核方案》中要求，自2022级起，开设"劳动教育"课程（1学分），开课单位为校团委。由此，在具体实践中，所有样本院校全部都开设了劳动教育必修课程，说明各高职院校都在不折不扣地推进劳动教育政策的贯彻落实。

通过进一步的文本分析，我们发现高职院校劳动教育必修课开设方式除了《指导纲要》指出的"专门开设劳动专题教育必修课"（可概括为"新增型"）和"在已有课程中专设劳动教育模块"（可概括为"依托型"）之外，还有采取两种方式混合和开设劳动教育选修课程群等方式。

（一）新增型

根据样本院校的劳动教育实施方案、经验总结的文本材料和后续实践，目前全部样本院校都明确在现有人才培养方案中增设劳动教育专题必修课程，以理论教学、劳动实践、专业实习实训为主要载体开展劳动教育。此类课程包括劳动教

育通论、大学生劳动教育、大学生劳动素养或劳动教育与实践等，课程目标是普及马克思主义劳动观、劳动科学知识、职业发展与就业指导等，引导学生认识劳动实践的创造本质，树立正确的劳动意识。有学者进一步提出，独立开设的劳动教育必修课可以在一个学期内集中完成，也可以借鉴高校"形势与政策"课程的安排方式，根据不同年级学生的劳动认知需要，将课程分模块贯穿到不同学年中。[①]值得关注的是，很多高职院校认识到劳动教育纳入人才培养方案、融入学科专业是贯穿人才培养全过程的"长跑"过程，在实施方案中提出了在6个学期开展劳动教育的要求，并考虑到不同年级开展劳动教育的进阶性，体现出将劳动教育贯穿育人全过程的努力。"新增型"是劳动教育课程设置的必要形式。

（二）依托型

很难说"依托型"是一种独立的开设形式，更多的是一种过渡形式，但在劳动教育实施初期，"依托型"的开课形式起到了承上启下的重要作用。2020年《意见》和《指导纲要》出台不久，许多学校一时不具备马上开课的条件，于是通过"依托型"的方式进行了一段时间的过渡，当学校具备了独立开设劳动教育必修课条件时，"依托型"则逐步过渡到"混合型"（下面有所介绍）。这种依托型的推进方式，需充分考虑课程内容的相关性，在现有课程中增加相应模块内容与学时，如在思政课程中增加"劳动价值观""劳动法治论"等模块，在就业指导或创新创业教育类课程中增加"劳动关系论""未来劳动观"等模块[②]。如深圳职业技术大学将劳动教育内容纳入原有的"大学生社会实践"课程，将本门课程拆分为"体验性实习（社会实践）"和"劳动教育"，各1学分，各为16学时，课程形式为必修。"劳动教育"课程包括劳动教育理论和劳动教育实践2个模块。杭州职业技术学院要求各二级学院负责各专业劳动教育实施，以实习实训课为主要载体，在专业中有机渗透劳动教育，开展课内劳动实践活动。扬州工业职业技术学院要求各专业在实践教学周中，每周安排不少于1学时用于与本专业相关的专题劳动教育。金华职业技术学院在"专业导论"中开设相应的劳动教育模块，以劳动教育促进学生的职业启蒙；在"大学生创业基础"中设置"劳动＋创业"模块，将劳动精神融入创业者创业精神的培育。"依托型"是劳动教育课程设置的必要补充形式。

---

① 曲霞、李珂：《高校劳动教育必修课程规范化建设探析》，《中国高教研究》2022年第6期，第91~96页。

② 曲霞、李珂：《高校劳动教育必修课程规范化建设探析》，《中国高教研究》2022年第6期，第91~96页。

（三）混合型

大部分学校通过既新增劳动教育专题模块（一般为16学时），又将部分劳动教育任务依托到专业教育相关课程中，落实劳动教育必修课开课要求。各校的依托模块与专业教育、创新教育相关，体现在野外实习实践、专业实习、生产实习、社会实践、工程实训等课程中，新增课程及开设通识课程，多维度引导学生了解劳动文化、热爱耕读文明，在学习中厚植劳动情怀，强化劳模精神、劳动精神和工匠精神。如南京工业职业技术大学明确设置了理论与实践相结合的劳动教育必修课程，同时作为劳动教育必修课程的补充，要求思政课和专业课教学中要有机融入劳动教育内容，围绕专业特色，积极打造"专业＋劳动实践""创新创业＋劳动实践"。"混合型"是劳动教育课程的主要形式。

（四）开设劳动教育课程群

部分学校提出要建立劳动教育课程群。劳动教育课程群是指与劳动、职业和就业相关的各类课程，这些课程大多是选修课，涉及通用劳动科学知识、职业生涯规划和职业技能等。如扬州工业职业技术学院提出"开设劳动教育相关的公共选修课程"。深圳职业技术学院要求在通识教育课程体系中，设置"创新创业与多元实践"通识教育核心课程模块，开设基本技能实训、创新性项目课程、社团实践等课程，使学生在创新创业等多元实践中积累职业经验，提升创新创业能力，树立正确的择业观和劳动观。金华职业技术学院开发具有专业特色的劳动教育课程，如制造类专业开发"劳作素养"课程，共设劳动启蒙、社会劳作与技能劳作、劳作素质拓展、实战实践与职业生涯指导四大模块，全程贯穿劳动实践。辽宁机电职业技术学院构建了由"劳动教育课 16 学时（必修）＋劳动实践周 20学时（必修）＋劳动与职业（选修）＋志愿服务、勤工助学、寒暑假社会实践（选修）"四个模块构成的课程群，包含 16 个劳动主题、31 个劳动任务，将主题的知识点渗透到每个劳动任务中，从劳动观念到基本生活技能再到劳动品格养成，层层递进、步步提升，实现"知行合一"。开设劳动教育课程群是劳动教育课程设置的完善形式。

二、探索之实：在学科专业中渗透劳动价值

在学科专业中渗透劳动价值是高职院校开展全课程劳动育人的关键所在。开展劳动教育就是对学生进行热爱劳动、热爱劳动人民的教育活动，教育的实效要看学生经过劳动教育是否热爱劳动、热爱劳动人民，而这一实效的体现既要靠劳动教育必修课程的落实，更要通过劳动价值在学科专业中的渗透。高校教师的

80% 是专业教师，课程的 80% 是专业课程，学生学习时间的 80% 是专业学习。多年的调查表明，80% 的大学生认为，对自己成长影响最深的是专业课和专业课教师。这四个 80% 是提出课程思政建设这一重大命题的现实依据，因此要深入推动专业教育与思政教育紧密融合。[①] 这一育人规律适用于课程思政，也同样适用于劳动教育。在学科专业中有机渗透劳动教育，类似于在其他课程中融入思政教育，这既是专业育人的要求，也是劳动教育的要求。[②] 有学者提出劳动教育要在新时代实现新发展，需要在知识融合的视角上实现劳动教育课程的重新整合，并提出劳动教育课程整合的五级层次，分别是课程内部的整合、与学科课程的整合、与学科领域的整合、与社会文化的整合、与人的整合。[③] 本部分探讨的主要是劳动教育与学科课程的整合。

（一）将劳动教育融入公共课

《指导纲要》指出，职业院校要将劳动教育全面融入公共基础课，要强化马克思主义劳动观、劳动安全、劳动法规教育。

1. 将劳动教育融入思想政治理论课教学

开展劳动教育的最终目的是培养学生健康的劳动价值观，形成良好的劳动素养。但是仅有劳动教育内容仍较为单薄，与思想政治理论课相结合有助于实现人才培养的最终目标。思想政治理论课中的教育目标与劳动教育的育人目标具有一致性，无论在教育形式、教育内容还是在教育实践上都能相通，将二者相结合，能够为学生平时的思想学习与实践劳动的衔接提供载体。学生在接触思想政治理论的同时，还能够通过劳动实践将所学理论外化，进而达到全面发展的效果，实现人才培养目标。如石家庄铁路职业技术学院在思政课上组织学生观看纪录片《大国工匠》《永远的铁道兵》等，学生自己设计、动手创作美术作品百余幅对心中的劳模形象进行描画，在此过程中学生深刻领会精益求精、追求卓越的工匠精神和爱岗敬业的劳动态度。笔者作为高职院校的一名思政课教师，依托教育部相关课题也在深耕劳动教育，致力于探索将劳动教育融入思政课的有效方式，笔者指导的青年教师徐瑞的思政课参赛作品《传承红旗渠精神——将青春热血镌刻于历史丰碑》获得 2022 年学校"四说"比赛——说劳动教育赛项的特等奖。作品讲稿如下：

①《吴岩：让课程思政建设在全国高校刮起一股新风》，人民网，2020 年 6 月 11 日。

② 刘向兵、党印：《高校劳动教育实施推进的多元与统一：基于 80 所高校劳动教育实施方案的文本分析》，《中国高教研究》2021 年第 5 期，第 54~59 页。

③ 林克松、熊晴：《走向跨界融合：新时代劳动教育课程建设的价值、认识与实践》，《湖南师范大学教育科学学报》2020 年期 2 期，第 57~63 页。

矗立在我身后的水利工程名叫红旗渠，位于河南林县。这是一个在历史上极其干旱少雨的地方，当地曾经有一位刚过门的新媳妇因意外洒了一桶水而羞愧难当，在大年初一悬梁自尽。这个令人惋惜的故事是当时林县缺水的真实写照。为了解决林县十年九旱、水贵如油的难题，林县县委决定将山西浊漳河的水引过来，并将此工程命名为红旗渠。

一锤、一钎、一双手，苦干十个年头。十万劳动人民在党的领导下，削平1 250个山头，凿通211个隧洞，架设152座渡槽，于万仞壁立、千峰如削的太行山上，建成了全长1 500公里的人工天河。红旗渠是一个奇迹，被称为生命渠、幸福渠。它不仅为林县人民带来了一渠水、一渠粮，其影响早就超越了工程本身，成为中华人民共和国历史上一个永恒的精神坐标。

物质匮乏怎么办？石灰自己烧，水泥自己铲，众人拾柴火焰高，全靠劳动来创造。万仞壁立又如何？300名青年组成突击队，1年5个月就将600多米的石洞凿通。党员干部和人民群众同吃同住同劳动，心往一处想，劲往一处使，汗往一处流，前后有81位干部和群众牺牲，其中年龄最大的63岁，最小的年仅17岁。红旗渠的修建，生动诠释了劳动的力量、奋斗的力量、人民的力量！自力更生、艰苦创业、团结协作、无私奉献的红旗渠精神永远震撼人心。

2022年10月28日，习近平总书记在红旗渠考察时强调，年轻一代要继承和发扬吃苦耐劳、自力更生、艰苦奋斗的精神，摒弃骄娇二气，像我们的父辈一样把青春热血镌刻在历史的丰碑上。中国共产党成立这一百多年来，劳动人民用双手创造了无数个像红旗渠这样的伟大工程和伟大成就。

回望过去，在新民主主义革命时期，为了抵抗外敌入侵，实现民族独立人民解放，全国上下筚路蓝缕、手胼足胝，用我们的血肉筑成我们新的长城。

再到社会主义革命和建设时期，在没有资料、没有其他国家帮助的情况下，无数科研人员、大学生、工人，响应国家召唤，奔赴核武器研制和实验的第一线。中国以惊人的速度研制出"两弹一星"，这是一个科学奇迹。

到了改革开放和社会主义现代化建设新时期，改革开放带来翻天覆地的变化。1978年中国人均GDP只有127美元，美国是中国的76倍，联邦德国是中国的81倍，日本是中国的66倍。但我们仅仅用了30年，就跃升为世界第二大经济体。

再到中国特色社会主义进入新时代，我们完成脱贫攻坚、全面建成小康社会的历史任务，实现第一个百年奋斗目标。9 899万贫困人口全部脱贫，832个贫困县全部脱帽，这是人类历史上的一个奇迹。

历史和现实证明，人民对美好生活的向往都要在脚踏实地的劳动当中实现。

新时代也赋予了红旗渠精神新的内涵。如今要发扬红旗渠精神，并不是要大家重新回到物质匮乏、缺衣少食的年代受皮肉之苦，而是要通过劳动，挖通自己专业中、职业中和生活中的红旗渠。与数字媒体专业相近的动画行业，也有这样一个团队，靠劳动创造过一个奇迹。

1984年，上海美术电影制片厂打算将民间故事《十兄弟》用中国剪纸形式搬上荧幕，以此对标美国的《变形金刚》，这就是我们"80后"和"90后"熟知的动画片《葫芦兄弟》。每格7元的预算在当时看来似乎是不可能完成的任务，而当时进口动画片一格的成本是3 000元左右。为了葫芦娃的形象生动，主创们就在大院儿里仔细观察每个人的走路姿势，在办公桌前对着镜子手舞足蹈，模拟角色的表情变化，随后再画在纸上，裁成指头般大小的剪纸。拍摄过程就像演皮影戏一样，要先把人物剪成有活动关节的纸片，在不同的背景上摆出各种动作，拍完一格后再重新摆动作，继续拍下一格，一秒钟的动画足足需要24格的画面，动作和背景层的每一次微小变化都要丝毫不差，稍有差池就要重新来过。每一个葫芦娃要匹配上百种表情，搭配几千个场景，没有特效制作，更没有先进的技术，只能靠一张张手绘、一次次裁剪、一格格拍摄。就这样，50多个画师足足花了2年的时间才完成了13集130分钟的《葫芦兄弟》。葫芦娃系列就此彻底成为上海美术电影制片厂的扛鼎之作。

时间不停在流淌，我们会变老，但自力更生、艰苦创业、团结协作、无私奉献的红旗渠精神永不褪色，劳动创造幸福的真理永不过时！各位同学仍要自强不息、勤奋务实，传承自力更生、艰苦创业的劳动精神，充分发挥数字媒体专业的跨文化传播优势，主动肩负起讲好中国故事、传播中国文化的历史使命。

2. 将劳动教育融入通识课程教学

通识教育的目的是使人成为"真正意义上完善的人"，它更重视学生在健全人格、人文情怀、科学精神及社会责任感上的收获与成长。通识课程是落实通识教育的课程载体。通识课的授课逻辑就是：和学生分享这门学科产生和发展的过程，以及与人类活动的相关性。授课的重点也不是具体的知识，而是一种思维方式。公共课和通识课的概念是从不同角度对课程所做的划分，公共课强调的是修读人员范围，即学校所有学生都要修读的课程，而通识课强调的是课程侧重培养的核心素养，即主要落实通识教育理念的课程。两者之间有交叉，公共课大多是通识课，通识课通常以公共课的形式出现。通识课也包括思政课和劳动教育课在内，本部分只探讨除思政课和劳动教育课之外的其他通识课程。通识课程的融合性决定了通识课教学要体现多学科融合、跨学科交叉的设计理念，以提供学生分析问题、解决问题的整合性知识为劳动教育融入通识课程教学提供了可能。如在通识基础课"大学语文"中，在讲授《诗经·周南·芣苢》这篇诗歌时，可以通过分析妇女们采集车前子过程中的一系列的动作，让学生看到劳动人民的勤劳，在诗句中感受古人劳动的快乐、收获的幸福和积极的人生态度。在通识公选课"化学与中国文明"中，讲到中国陶瓷时，通过让学生对比一个薄如蝉翼和一个厚如城墙砖的陶瓷作品哪个更贵重，使学生明白陶瓷的贵重与否与用料多少没有绝对关系，贵重的关键在于瓷器作品中包含的挑战性、创新性和审美性，使学生在分析具体问题中理解复杂劳动和创新性劳动的宝贵价值，进而深刻体会"劳动光荣、技能宝贵、创造伟大"之间的逻辑递进关系，形成更为全面立体的劳动观念。

（二）将劳动教育融入专业课

《指导纲要》指出，职业院校专业课在进行职业劳动知识技能教学的同时，注重培养"干一行爱一行"的敬业精神，吃苦耐劳、团结合作、严谨细致的工作态度。专业类课程主要与服务学习、实习实训、科学实验、社会实践、毕业设计等相结合开展各类劳动实践，注重分析相关劳动形态发展趋势，强化劳动品质培养。有学者研究表示，大学劳动不能浅表化，如果不分学科专业，让所有的学生到工厂去干活、到田间去插秧，固然参与了劳动，也有些微教育意义，但这种所学非所用的劳动难免陷入浅表化、娱乐化窠臼，仅能培养较为基础的劳动认知、劳动体验，无法淬炼更高层次的劳动品格和劳动意志。[1] 这就需要大学劳动教育在内容设计上主动与专业学习有效对接、充分融合。

1. 在专业实习实训中强化劳动教育

2020年5月，教育部职业院校文化素质教育指导委员会印发了《职业院校在实习实训教学中强化劳动教育的实施办法》，旨在推动劳动教育与实习实训的高度融合，促进职业技能与职业精神高度融合，努力提升学生的生产劳动技能。有学者指出，对于大学而言，真实劳动、探索性、创造性劳动是高校劳动教育的核心特征。[2] 因此，大学生的专业实践，应该与更为真实的劳动相结合，更加突出其劳动的真实性。各高职院校也在实践中对这一要求加以认真落实。如金华职业技术学院充分挖掘校内实训基地劳动教育资源，满足不同专业、不同层次学生自主性学习和专业劳动实践需要，强化"专业 +"劳动实践平台，凸显专业技能特色。其具体措施包括校企共建实体化的智能化精密制造产教园，为机械制造类专业学生提供劳动实践岗位，同时面向社会及大中小各级各类院校承担劳动实践及劳动素养教育培训。开发"专业引导 + 实习管理"的实习教学模式，建成智慧建造劳动与创新实习基地，夯实职业发展基础。重庆电子工程职业学院在全校推行

---

① 余宏亮、王刚：《大学劳动教育简论》，《中国教育科学》2021年第2期，第100~106页。

② 卢晓东、曲霞：《大学劳动教育课程框架、特征与实施关键：基于劳动要素的理论视野》，《中国大学教学》2020年第S1期，第8~16页。

"1+8+N"劳动教育课程及实践体系，其中"8"指学校所属8个实体二级学院，每个学院结合本学院学科、专业特点，将劳动育人要求纳入人才培养方案，在课程教学中体现劳动育人因素。结合专业实训，开展专业探究性劳动实践，提升学生专业应用能力和职业岗位胜任能力。同时对接"1+X"证书，打造一批富有专业特色的工匠工坊、专业工作室、劳模工作站等。

　　2.在专业理论课中渗透劳动教育因素

　　除了通过专业实践把劳动教育有机融入专业教育，还包括在专业质量标准、理论课程大纲与教案中渗透劳动教育因素。专业理论课以讲授专业知识为主，看上去似乎与劳动教育相关性不大，但实际上适当地引入劳动教育因素能够增强学生学好专业理论知识的内在动机和专业认同感。一方面要在专业学习的过程中强化有关职业目标和职业使命感的培养，引导学生把对客观世界知识的探索与自我的职业发展前景和国家的职业发展需求结合起来，增强学生专业学习的内在动机；另一方面则要把专业学习放至更为宏观也更为现实的劳动背景中，引导学生了解与本专业相关的劳动岗位及其对应的能力要求，增强学生对所学专业的认同感。以建筑设计专业"住宅套型空间设计"这个知识点为例，对于住宅，看似每个学生都很熟悉。但实际上，如果学生不参与家务劳动，学生在家的状态几乎就是宅在自己的卧室，偶尔使用卫生间，而对厨房、餐厅、储藏间、阳台等空间的使用需求缺乏必要的生活体验，认识不深。因此，教师可以在课前和课后引导学生主动参与家务劳动，熟悉各功能空间的布局和使用要求，通过家务劳动感知套型功能空间设计的影响因素。图2-1是笔者所在学校建筑工程学院符想老师所做的劳

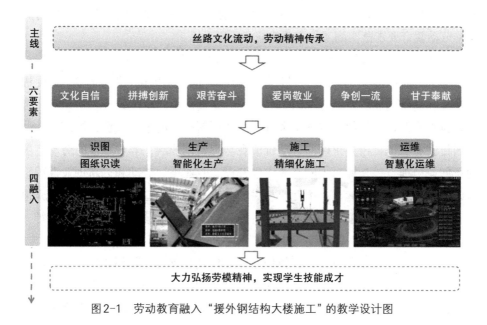

图2-1　劳动教育融入"援外钢结构大楼施工"的教学设计图

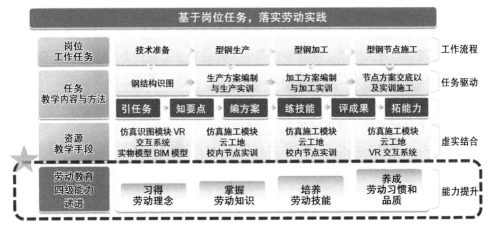

图2-2 劳动教育融入"钢结构与施工"的教学组织图

动教育融合专业课程"钢结构与施工"中项目二"援外钢结构大楼施工"的教学设计图，图2-2是课程的教学组织图，将"一带一路"理念融入钢结构大楼的建设，让学生在学习专业技术时体会援外建设者的辛勤劳动，打磨精益求精、勤勉踏实的工匠精神。本作品获得2023年学校"四说"比赛——说劳动教育赛项的一等奖。

（三）将劳动教育融入"双创"课

《指导纲要》指出，在普通高等学校，还要将劳动教育有机纳入创新创业教育，不断深化产教融合，强化劳动锻炼要求，加强高等学校与行业骨干企业、高新企业、中小微企业紧密协同，推动人才培养模式改革。高职院校兼具职业教育的类型性和高等教育的层次性，因此，在落实职业院校劳动教育要求的同时，也要将高等学校劳动教育要求落实到工作实践中。

1. 构建"阶梯化"课程体系，促进育人内容共融

构建"通识类—专业类—项目类—培训类"的"阶梯化"课程体系，以促进劳动教育和创新创业教育的育人内容共融。一是面向全体学生开设"通识类"劳动和创新创业课程，促使全体学生掌握劳动和创新创业的基本知识，提高主动劳动和创新创业意识，树立正确的劳动价值观与创新创业观，养成积极的劳动态度与创新创业精神。二是针对不同专业学生开设"专业类"劳动和创新创业课程，努力让不同专业学生掌握与所读专业相关的劳动和创新创业知识与技能，提升他们的专业认同、职业兴趣，养成"干一行爱一行，专一行精一行"的工匠精神。三是聚焦有创业意向的学生开设"项目类"创新创业课程，以项目开发与实践的方式，培养学生发现创新创业机会、选择创新创业角度、进行创新创业项目设计以及开展创新创业活动等方面的能力。四是助力创业初期学生开设"培训类"创新创业课程，通过创业导师职业化的培训、指导、咨询、服务，帮助初创业者度过企业

的初创期，以提升其创办企业、管理企业、应对企业各种风险的能力。如深圳职业技术大学由创新创业学院牵头，在进阶式双创教育课程体系中融入劳动教育，在"创新思维"公共基础课中，加入创造性劳动模块，鼓励学生动手制作创新试制品，同时举办"创新思维"课程创新成果展，营造创新氛围；双创拓展专业课程体系重点面向有创业意向和创业需求的学生进行高阶式创造性劳动教育，以创造性劳动成果为导向，将劳动教育、开放性思维和挑战性实践、工匠精神与企业家精神培养等有机结合；在拓展专业学习结束时，举行公开项目路演，展示学生创造性劳动成果，使学生感受创造性劳动带来的收获和乐趣，形成尊重劳动、热爱劳动的真挚情感；在每年举办的双创大赛中开展实战训练。

2. 开展"系统化"实践活动，助推育人路径共通

围绕学生"个人生活—校园生活—社会生活"开展"系统化"劳动实践活动，助推新时代劳动教育和创新创业教育育人路径共通。一是围绕个人生活开展实践活动。将学生个人卫生、宿舍整洁等事务纳入学生日常管理，以此推动学生坚持日常生活劳动，激发劳动意识，养成劳动习惯；设置勤工俭学岗位，让学生体验劳动可以创造价值，从而树立正确的劳动观念和财富观。二是结合校园生活开展实践活动。鼓励学生参与教室、食堂等校园公共场所的卫生保洁、绿化美化等活动，培养学生热爱劳动、尊重劳动的情怀；依托社会实践和创新创业社团，定期举办有关劳动和创新创业的论坛、比赛等，深化体验、增强实践。三是依托社会生活开展实践活动。利用暑期"三下乡"等社会实践活动，积极鼓励和支持大学生参与基层劳动和创新创业实践，从而树立服务意识、增强社会责任感及提高社会服务技能；依托专业实习实训，走进社会、走进企业，让学生参与真实的生产劳动和服务性劳动，提高学生发现问题、分析问题和创造性解决问题的能力，增强职业认同感和劳动自豪感。

3. 建设"专业化"师资队伍，保障育人资源共享

一是立足校内，选拔一批劳动教育和创新创业教育骨干教师，组建既能胜任理论教学又能指导学生实践的"双师型"专职师资队伍；通过岗前培训、在职培训和行业企业挂职锻炼等方式提高劳创意识和能力，增强创业实践体验和经验；完善定期考核与淘汰制度，注重专职教师的创业经历、创业经验及创业能力，将其作为实践导师聘用的必备条件。二是面向校外，努力引进与学校人才培养目标相符的实践型人才，建立劳动教育和创新创业教育兼职教师队伍；通过设立劳模工作室、大国工匠工作室等方式，聘请各行业劳动模范、创新创业成功典范、知名企业高管及优秀校友担任指导老师并参与课堂实践教学；建立健全劳动教育和创新创业教育兼职教师流动制度，在学校之间实行教师定期流动，共建共享优质教师资源。

三、探索之活：在第二课堂中安排劳动实践

开展劳动实践是各高职院校开展劳动教育的特色与亮点，院校根据自身办学特色开展丰富多彩的劳动实践。《指导纲要》指出，劳动教育主要包括日常生活劳动、生产劳动和服务性劳动中的知识、技能与价值观，要求职业院校和普通高等学校要明确生活中的劳动事项和时间，纳入学生日常管理工作。大中小学每学年设立劳动周，采用专题讲座、主题演讲、劳动技能竞赛、劳动成果展示、劳动项目实践等形式进行。高等学校也可安排劳动月，集中落实各学年劳动周要求。根据《指导纲要》精神，劳动教育的实践形式可以丰富多样，既包括日常生活劳动实践，也包括劳动周或劳动月的集中实践。

（一）劳动实践类型

《指导纲要》指出，职业院校、普通高等学校劳动教育中学生生产劳动和服务性劳动可以通过专业实习、实训、创新创业等实践环节完成，日常生活劳动可以通过学生管理落实。所有样本院校均开展日常生活劳动和生产劳动实践，部分院校开展包括服务性劳动在内的三类劳动实践。部分院校结合专业优势和服务社会功能，将田地、草地、植物园、工厂等作为生产性劳动基地，将城乡社区、福利院、博物馆、图书馆、红色革命区等事业单位、社会机构和公共场所作为服务性劳动基地，依托户外科学研究基地、校外实习实训基地开展专业劳动实践。

1. 日常性劳动实践

日常生活劳动贯穿人的终生，人们从幼儿时期开始就逐步形成了自主服务习惯，可以说日常性劳动实践是家庭劳动教育和中小学劳动教育成果的延续。日常性劳动实践虽不是大学劳动教育的重点，但却是不可或缺的内容。例如，江西航空职业技术学院遵循学生身心发展规律，积极创设参与校园卫生保洁、绿化美化、食堂劳作、教室环境美化、实训室清扫、勤工俭学等劳动实践岗位，建立校、院、班劳动实践岗位系统图谱，引导学生自主制定校内劳动实践公约，倡导学生自治管理。

2. 生产性劳动实践

生产性劳动实践是高职院校劳动教育专业性的重要体现。劳动教育要培养学生未来职业生活能力，必然同后续的学习与生活紧密相关，既不能遥不可及也不能缺乏挑战性，大学生后续的职业生活要求高校劳动教育同专业见习与实习（实训）紧密结合开展生产性劳动实践。如广东农工商职业技术学院提出依托农垦行业办学优势，开拓校内外劳动教育平台。在校内，建成26个科普型南亚热带植物

园区，并配套3大类劳动教育实训场所：农业生产技术实训室可开展作物栽培、果树栽培和花卉栽培等实训活动，食品烹饪实训室可开展食品加工、食品焙烤、豆奶饮料加工等实训活动，花艺设计实训室可开展插花压花、茶艺、花卉展等实训活动。在校外，与广东省湛江农垦集团公司合作建成5 600亩橡胶与甘蔗高新科技示范园。建立3个学生实训中心，每学期组织学生到示范园开展实践和调研：在实习实训中心，学生参与示范园生产性实习和农技培训；在技术研究中心，学生参与选种育种、土壤改良、种植技术等研究；在生产技术中心，学生参与田间管理和机械化种植实训等。

3.服务性劳动实践

大学生利用专业能力承担更大的社会责任成为大学的显著优势，与此同时，大学日益走进社会深处也引起了人们对于大学社会责任的争论与拷问，大学不仅仅是适应社会还要有所超越，彰显其专业伦理，展现出独特的引领功能。大学的这种社会服务不以营利为目的，而是以承担丰富多样的公共服务为旨归。例如，深圳职业技术学院将劳动教育融入志愿服务，完善"学校—学院—班级—宿舍"四级志愿服务组织体系，推动95%的学生注册成为志愿者，大力开展"三支一扶"、西部计划以及国家级、省市级大型展会和活动志愿服务，让广大青年在志愿服务中提升劳动意识、劳动精神和劳动技能。

（二）劳动清单制度

教育部教材局负责人在对《指导纲要》进行解读时指出，"各地和学校可以依据以上三个方面的要求，结合实际制定更为具体的劳动教育清单，切实解决劳动教育教什么的问题"[①]。样本院校中，只有少数学校设置了劳动清单，大多数学校没有明确的劳动清单，仅界定劳动清单的范围，包括校园实践、志愿服务和专业实践等。例如，杭州职业技术学院结合新产业新业态，有目的、有计划、项目化地组织各专业学生参加以一定体力劳动为主的日常生活劳动、生产实践劳动，结合专业积极开展实习实训、专业服务、社会实践、勤工助学等，让学生身心参与、手脑并用、知行合一，开展项目探索，亲历劳动过程，接受锻炼、磨炼意志，实现劳动价值认同，培养良好的劳动品质和基本的专业从业素养。

2022年11月，教育部职业教育与成人教育司发布《关于征集职业院校劳动教育清单的通知》，以提高职业院校劳动教育实效。在各省推荐的劳动教育清单中，教育部职业教育与成人教育司精选出优秀清单列入智慧教育平台劳动教育资

---

① 《劳动教育是什么？教什么？怎么教？：〈大中小学劳动教育指导纲要（试行）〉解读〉》，《中国教育部》2020年7月16日。

源库，供广大师生学习使用。截至2023年8月，该平台上传的劳动教育清单有深圳职业技术大学学生劳动教育清单（见表2-3）和成都市大中小学劳动教育项目清单（试行），两者具有典型的示范性。

表2-3 深圳职业技术大学学生劳动教育清单

类别	任务群	劳动项目	实施建议	成果评价要求
日常生活劳动	家务劳动	给家人做三道菜	运用烹饪知识，从购买食材、烹饪前准备、制作、装盘、上桌、餐前仪式等环节，为家人精心准备一顿家宴	熟练掌握三道菜的制作过程，最终提交三道菜完成后的图片与制作过程短视频
		居家环境美化	运用相关知识或技巧对生活环境进行美化。如对寝室、房间进行美化设计并动手改造	熟练掌握环境创设技巧，最终提交美化过程短视频和美化设计完成前后的对比图片
		高雅趣味养成	选择学习茶艺、花艺、甜品烘焙、咖啡制作等技能	熟练掌握所选技能，最终提交作品制作过程短视频和作品照片
	收纳整理	收纳技巧学习，宿舍整理装扮	系统收纳物品，如科学合理规划与收纳衣柜、书柜、橱柜物品	参加一次收纳知识讲座，熟练讲解一个收纳小技巧，提交宿舍整理装扮过程短视频和完成前后的对比图片
	"低碳"教育	低碳理念融入校园环保	结合绿色低碳环保的时代背景，通过调查问卷、线上线下政策宣讲、知识竞赛、张贴宣传标语、组建环保社团、主题班会等形式，普及低碳环保理念	能够熟练地掌握低碳理念及国家当前的"双碳"政策，培养低碳环保观念
		构建专业＋低碳智库	结合学生所学专业，通过组建专业团队，设计构建低碳环保校园的各类活动、政策建议、技术方案等	最终提交可行技术方案、项目申报书、投诉／建议信等材料
		低碳校园环保活动	学生可在学习之余自发或经组织参与校园环保活动，如开展垃圾分类与回收利用、植树、培育绿植、倡导低碳出行、健步走等	让低碳环保理念融入学生日常生活中，最终切实助力创建绿色环保校园
	生活事务管理	个人形象管理	结合职业、身份、场合，设计自我形象，如妆发服饰搭配、形体礼仪改进等	熟练掌握形象设计的基本原理与操作步骤，最终提交形象设计过程短视频和形象设计完成前后的对比图
生产劳动	劳动教育课程学习	劳动教育课学习	按照教学计划，学生线上、线下完成（大学生劳动教育）课程学习	按教学计划完成32学时的学习，顺利获取2个学分，最终提交成绩扫描件

表2-3（续）

类别	任务群	劳动项目	实施建议	成果评价要求
生产劳动	专业劳动	学习、考取专业技能等级核心证书	按照专业人才培养方案，学习、考取专业技能等级核心证书	按人才培养方案考取该证书，最终提交职业技能等级证书扫描件
		学习、考取"1+X"职业技能等级证书	按照学生的职业兴趣，选择学习、考取相应的"1+X"职业技能等级证书	按人才培养方案考取该证书，最终提交"1+X"职业技能等级证书扫描件
		参加专业实训课程	按照教学计划，完成专业实训课程	按人才培养方案完成相应学时的学习，顺利获取相应学分，最终提交成绩单扫描件
		参加专业顶岗实习	按照教学计划，完成专业顶岗实习	按人才培养方案完成相应学时的顶岗实习任务，顺利获取相应学分，最终提交成绩单扫描件
		就业创业	坚持市场就业和政府推动相结合、区域发展和人才成长相协调，精准施策，多方发力，畅通匹配，千方百计加大高校毕业生就业岗位供给，拓展高校毕业生就业渠道，科学引导大学生创业	提交就业协议，完成就业信息登记或完成商事主体登记
	新技术应用与创造	新技术的应用	探索新技术的发明与创造，如结合自身专业，开展课外学术科技工作，设计和发明新技术	参加"挑战杯""大学生互联网＋创新创业大赛"等专项比赛，最终提交发明专利证书或比赛获奖证书
		新工艺的物化	结合自身专业实际开展科技发明制作，形成物化产品，并与社会、企业合作将发明予以推广	参加"挑战杯""大学生互联网＋创新创业大赛"等专项比赛，最终提交成果转化企业证明材料或比赛获奖证书
服务性劳动	专业服务	专业技能服务	以专业技能和特长为依托，结合第一课堂、第二课堂以及"三下乡"等社会实践方式对所需要的人群提供专业服务	最终提交服务佐证照片和志愿服务时间证明，服务时长达16小时以上

表2-3（续）

类别	任务群	劳动项目	实施建议	成果评价要求
服务性劳动	公益劳动与志愿服务	校园公益活动	利用劳动周、劳动月，有组织地参与校园管理服务，如校内活动志愿者、担任学生干部	最终提交服务佐证照片和志愿服务时间证明，服务时长达16小时以上
		城市志愿服务	成为所在城市注册志愿者，参与城市志愿服务，如组织或参加当地重大赛事，活动的志愿服务、关爱老人、四点半课堂等服务	最终提交服务佐证照片和志愿服务时间证明，服务时长达16小时以上
		参与"三支一扶"	学生在毕业后到农村基层从事支农、支教、支医和乡村振兴工作	报名，遴选成功，获得录用通知，最终提交录用通知扫描件
		抗疫、救灾志愿服务	面对重大公共卫生突发事件及重大自然灾害，主动承担相关工作，担任抗疫、救灾志愿者	最终提交服务佐证照片和志愿服务证明

通过劳动清单制度鼓励学生根据自身特长和兴趣爱好，自主选择劳动实践内容，形成既符合统一要求又有自己个性特色的劳动实践清单，通过专注、快乐的劳动体验劳动对个人成长和社会发展的重要价值，形成热爱劳动、劳动平等、尊重普通劳动者的思想，培养勤俭、奋斗、创新、奉献的劳动精神，提升劳动素养，养成良好劳动习惯，围绕日常生活劳动、生产劳动和服务性劳动等方面细化劳动教育内容、创新劳动教育形式、系统设计劳动教育清单、提升劳动教育实效。

（三）"劳动周"或"劳动月"

《指导纲要》要求大中小学每学年设立劳动周，采用专题讲座、主题演讲、劳动技能竞赛、劳动成果展示、劳动项目实践等形式进行。高等学校也可安排劳动月，集中落实各学年劳动周要求。

超过一半以上的样本院校明确设置了"劳动周"，部分没有设置"劳动周"的院校，结合学校"技能月""双创月"以及其他活动开展劳动主题活动。部分院校设置了"劳动月"。就"劳动周"和"劳动月"的开展情况来看，学生的劳动范围包括整理寝室内务、清洁校园卫生、校内植树绿化、打扫教学实验场所、维护公共设施、管理维护教学实验设备、校内防台风及台风后救灾等。例如，广东南华工商职业学院将每年11月定为"劳动教育月"，举办劳动教育成果展、"中国梦　劳动美"主题晚会等劳动教育系列活动。盐城生物工程高等职业技术学校实行班级劳动体验周制度，出台《劳动周管理与考核办法》，每学期按周次排出1个劳动班级，劳动班级停课参加劳动，班主任全程跟踪管理，劳动专任老师全程指导。劳动体验周中有一天学生专门学习生活技能，体验从到菜场学习买菜，到食堂洗菜、切菜，师傅指导学生自己动手烧菜，到最后品尝自己亲手做的饭菜的全过程。劳动体验周结束后，对劳动班级考核定级，分为优秀、合格、不合格。部分院校虽未明确设置"劳动周"，而是采取依托其他校内实践活动开展。例如，扬州工业职业技术学院每年开展"双创月"和"技能月"活动，以赛促练，全面加强学生实践动手能力，将劳动教育融入学生技能提升活动，提高学生综合素质、创新意识及技能水平，构建具有专业特色的劳动教育体系，进一步增强学生对劳动精神的体验感受和认知理解。河北软件职业技术学院结合植树节、学雷锋纪念日、五一劳动节、农民丰收节、志愿者日等，开展劳动主题教育系列活动。

四、探索之微：在校园文化中强化劳动底蕴

校园文化是学校氛围的重要一环，不仅具有规范、引导的作用，也在不同程度上对学生产生潜移默化的浸润。在校园文化中融入劳动观念、劳动情怀，既是贯彻劳动教育"三全育人"的重要方式，也有利于学生提升劳动素养、树立正确的劳动观念。样本院校的实施方案中均提出了将劳动教育融入校园文化的要求。

（一）劳动教育融入校园精神文化建设

校园文化的核心是学校的精神或观念文化。学校应结合自身实际，发掘校园精神文化中的劳动教育资源，使其成为劳动教育的思想引领。主要通过挖掘校史、校训、校歌中的有效资源来助力育人目标的达成。第一，校史具有"留史、资政、育人"的重要作用。学生对科学、真实、系统的校史进行追溯，了解学校在创建、发展、壮大的历程中的典型人物和富有感染力的故事，通过舞台话剧展示、绘画、诗歌、演讲等方式还原历史，让学生体悟劳动创造历史的道理。第二，深入阐发校训的"标尺"作用。校训对学生的行为规范有着极强的指导作用，结合校训标牌创新展出形式，使每一个师生经常性地看到它，受其潜移默化的心理暗示，慢慢内化为自身的价值尺度。第三，提高校歌传唱度。校歌是校园文化的音乐表现方式，歌词中蕴含着办学者的愿景和厚望，又传达出受教育者的追求和心声，能够让学生联想到学校发展历程中的艰辛岁月，也能激起一代代学子拼搏奋斗的信心。融入劳动思想的校歌更能振奋人心，提升思想境界，从而在传唱的过程中无形地加强了劳动教育。例如，笔者所在的扬州工业职业技术学院建有校史馆，展示学校办学发展的风雨历程，让学生感受到时至今日学校一代代建设者们付诸的艰辛劳动，体认劳动伟大，感知劳动责任。学校将每年的11月18日定为校庆日，这一公认的、关键的历史坐标，可以让全校师生铭记校史，凝聚校友，为学校发展贡献力量。"厚德强能、笃学创新"的校训诠释了办学者们的愿景、期望以及青

年学子的理想和追求；校训石碑矗立在校门口，随时提醒来往经过的师生们牢记自身肩负的责任，唯有不辍劳作才能实现心中理想。校歌《启航》唱出了时代的奔腾之声和明丽的育人画卷，每年的开学典礼、毕业典礼和校庆日等重要时间节点，学校都会开展庆祝活动，其中一个重要环节就是师生共唱校歌，追忆似水流年、感悟劳动光荣。校歌歌词如下：

启航

古运河的帆影

承载过我们人生的梦想

双镜湖的波光

映照着我们青涩的脸庞

桃花岛上书声琅

让我们厚德强能 桃李芬芳

扬帆广场来畅想

看我们笃学创新 激情飞扬

今日莘莘学子

明天大国工匠

我们从扬子津扬帆启航

今日莘莘学子

明天社会栋梁

我们从扬子津扬帆启航

此外，江西电力职业技术学院推广劳动公约，建立劳动清单、劳动量化记录，通过微信公众号、电子屏、展板宣传劳动文化，弘扬劳动精神、劳模精神、工匠精神；毕业季倡导学生加强宿舍劳动，做到整洁离校、文明离校，打造"劳动光荣、创造伟大"的校园文化。湖南铁道职业技术学院聚焦湖南铁道特质，打造了融合中华优秀传统文化、融通轨道交通行业文化、融入志愿服务文化、融汇地方特色文化的"四融"培养模式。这些积极尝试都为劳动教育融入校园精神文化建设作出了有益探索。

（二）劳动教育融入校园景观文化建设

大学校园作为青年人学习、生活、成长的地方，不仅具有使用功能，而且作为物质存在的实物教材对学生还能起到重要的精神层面上的浸染作用。美国斯坦福大学第一任校长大卫·斯塔尔·乔丹（David Starr Jordan）在他的开学献辞中说道："长长的连廊和庄重的列柱也将是对学生教育的一部分。四方院中每块石头都能教导人们要知道体面和诚实。"校园景观是校园精神文化的物质呈现形式，是开展劳动教育的肥沃土壤，属于显性文化范畴。学校的建筑形态、场所氛围以及环境品质会给学生留下深刻的印象，这种印象是直观的、感性的，具有强烈的育人意向性，是教育与空间紧密结合的产物。将劳动要素融入校园景观文化建设，必然会对学生的劳动意识和劳动态度产生潜移默化的影响，并持续影响学生的精神世界。例如，金华职业技术学院将学校环境建设充分融入职业韵味，开展校园文化"点缀之笔"工程，以"5区8园4廊"进行分区。打造精神之碑、火车头、大飞机、五位一体及工匠名人雕塑群，利用学校现有空间建设学校劳动教育基地、劳动实践工坊、劳动示范公寓，为学生提供劳动实践环境，提升学生劳动技能和意识，做实"劳动最美"环境文化。湄洲湾职业技术学院在工艺美术系建设800平方米艺术展厅，充分利用走廊过道，展示绘画、玉石雕、皮雕、首饰、陶艺等师生作品，定期更换；在广场上立大型鲁班雕塑，建设鲁班尺等艺术小品；在实训室融入企业文化，宣扬优秀师生事迹；将校园吉祥物湄宝打造成湄宝爱劳动形象，营造了浓厚的工匠文化氛围。

（三）劳动教育融入校园品牌文化活动

校园文化活动是校园文化中最生动最活跃的部分，是校园文化显性、动态的表现形式。校园品牌特色活动是校园文化成果建设的重要产物，是深受广大师生认可和喜爱的示范性的融合活动。将劳动元素融入校园品牌特色活动，可以有效提升劳动教育的吸引力和感染力。例如，石家庄铁路职业技术学院定期举办"学规·懂规·践规"背规大赛，使用北京铁路局"新入路青工背规竞赛通识题库"，培育铁路技能人才，前置青年入路教育；开展"大国工匠进校园"活动，邀请铁路工匠、劳动模范现场开讲，引导学生感悟工匠精神；组织开展"劳动之星"评选活动，选树一批优秀典型，对劳动表观突出的学生予以表彰，营造了"劳动光荣、技能宝贵、创造伟大"校园新风尚。德州职业技术学院组建全国劳模、省级劳模、大学生建功立业先进事迹报告团，推动知识传授、能力培养、理想信念、价值观念、道德观念、工匠精神、劳动精神、职业精神教育有机结合。九江职业技术学院突出船舶军工特色打造校园文化，强化工匠精神渗透，提升校园环境人文内涵，做优旗舰先锋、鲁班菁英等"一院一品"文化品牌，丰富工匠精神宣传教育的载体和资源，营造弘扬和践行工匠精神的校园文化。

五、探索之制：全面构建劳动育人保障体系

（一）建设劳动教育师资队伍

劳动教育落地实施需要一定数量的专兼职教师。《指导纲要》指出，要配齐劳动教育必修课教师，保持教师队伍的相对稳定性。充分发挥教职员工特别是班主任、辅导员、导师的作用，利用少先队、共青团、党组织以及学生社团等各方面的力量，合力开展劳动教育实践活动。但一定数量的劳动教育专职教师配置仍然是迫在眉睫的要求。《中国教师教育发展报告（2022）》蓝皮书中的数据显示，如果劳动教育教师按生师比为500：1进行测算，运用教育统计年鉴数据，可以初步测算各学段教师缺口数：小学学段15.8万名、初中学段6.3万名、高中阶段3.4万名、普通本专科6.1万名；各学段劳动教育教师普遍存在较大缺口，各学段的系统性缺口将严重影响新时代劳动教育的高质量推进。[①]

少部分样本院校指定相关教师担任劳动教育教师，建立了以思政课教师、辅导员、班主任为主，创新创业导师、相关行业专业人士为辅的专兼职相结合的劳动教育师资队伍，师资队伍来源和构成较为明确。例如，黎明职业大学实行思政课教师队伍与劳育课教师队伍一体化，在马克思主义学院成立劳动教育教研室，由思政课教师负责劳育理论课程的常规性教学。江西水利职业学院提出要发挥辅导员的专业优势，承担劳动教育教学任务，同时聘请具有实践经验的社会专业技术人员、劳动模范、大国工匠等担任兼职教师，并定期对承担劳动教育课程的教师进行专项培训，提高劳动育人意识和专业化水平。

应该予以重视的是，不管各样本院校是否明确了劳动教育师资的来源，从现有的实践情况看，劳动教育的专门师资力量基本是由思政课教师、辅导员、创新创业教师、实习实训教师群体组成的，这样来看几乎所有的劳动教育师资名义上是专门负责，但实际上都是兼职教师，而并非劳动教育专任教师。因为思政课教师、辅导员、创新创业教师和实习实训教师的第一主业并不是开展劳动教育，而是在完成学生思想政治教育和相应的教学任务的基础上，完成学校安排的劳动教育任务，对于劳动教育缺乏较为系统的思考，普遍欠缺开展劳动教育的动力和能力。

---

① 《国内首部教师教育蓝皮书出炉！聚焦劳动教育、幼师培养等热点话题》，《扬子晚报》2022年9月3日。

（二）加强劳动教育学术研究

深入持续开展劳动教育，需要研究劳动教育的育人功能，探索劳动教育的实施方式，比较不同方式的优缺点，评估劳动教育的实施效果。为加强学术研究，学校需搭建一定的平台，成立相关的教育教学或研究机构。部分样本院校以专题学习研讨、建立劳动教育研究体系，以及在教改项目申报中设置劳动教育相关选题等形式开展学术研究。部分院校设置了教研室负责公共劳动教育和专业劳动教育。公共劳动教育的重点是劳动价值观的培育，专业劳动教育主要是结合专业特点制定教学大纲。如深圳职业技术学院提出设置劳动教育研究课题，加强对马克思主义劳动观、习近平劳动教育思想、劳动精神、劳模精神、工匠精神、劳动教育的方式方法、职业院校劳动教育的特点和劳动教育规律等劳动教育重大理论与实践问题的研究。笔者研究团队实地了解到，虽然一些样本院校没有在方案中明确这一要求，但在实践中都采取相应的措施来开展劳动教育研究。如扬州工业职业技术学院在校教改课题、"四说"比赛、优秀教学案例评选环节均设置劳动教育专项，为开展劳动教育研究提供平台和契机。

（三）保障劳动教育必需经费

根据《指导纲要》的要求，不仅地区层面要投入劳动教育经费，学校层面也要投入劳动教育经费，保障劳动教育各项工作顺利开展。可以按照规定统筹安排公用经费等资金开展劳动教育，可采取政府购买服务方式吸引社会力量提供劳动教育服务。大部分样本院校对劳动教育的经费保障给予了相关的说明。如扬州工业职业技术学院提出将劳动教育课程建设、师资队伍建设、劳动教育活动、校内劳动教育场所与设施建设、校外劳动教育实践基地建设等经费列入年度工作预算，切实保障劳动教育有效开展。尽管以上内容仍有些普适和模糊，对经费的额度和比例鲜有提及，但依然有少部分学校对经费的数额进行了明确。例如，长沙航空职业技术学院在劳动教育经验交流中提出，学校每年安排专项经费用于校内外劳动教育基地建设；安排50万元日常经费用于劳动教育课程所需劳动工具购置、劳动器材修缮、劳动耗材的补偿。重庆工业职业技术学院明确每年在人才培养经费中安排200万元左右用于劳动教育，主要用于建设校内劳动教育场所和校外劳动教育实践基地，加强学校劳动教育设施标准化建设，建立学校劳动教育器材、耗材补充机制。目前没有样本院校明确劳动教育生均公用经费比例。

| 第三章 |
高职院校大学生劳动价值观实证分析

2020年以来，各高校陆续开设劳动教育课程，构建劳动教育课程体系，从不同维度提出了劳动教育课程体系设计的理论框架与层级结构，为劳动教育课程落地高校提供了思考向度。有学者围绕劳动教育课程实施效果开展实证研究，认为高校劳动教育课程实施满意度总体不高，存在着"劳动教育定位不清、设计思路不明以及课程设置不规范"等突出问题，为高校劳动教育研究提供了实证支撑。[①]劳动价值观是劳动教育的核心要素，是大学生最核心、最深沉的劳动素养，也是检验劳动教育成效的关键要素。本研究将通过高职学生劳动价值观现状调研，收集整理可靠数据和生动案例，检验劳动育人实效，以期为下一阶段的高职院校全课程劳动育人提供参考借鉴。

一、调查设计：设计问卷与组织访谈

劳动价值观是人们关于劳动价值的根本认识和根本观点。大学阶段是一个人的学习态度、生活态度、就业创业观念等形成的关键时期，这些都受到劳动价值观的深刻影响。笔者在江苏省内十余所高职院校的大学生中开展了问卷调查，通过对2 377份有效问卷的分析，得到一些信度较高、效度较高的数据，为研究奠定了坚实基础，也为进一步加强高职院校全课程劳动育人拓宽了思路。

（一）调查设计思路与基本结构

本次调查覆盖的高职院校学生全部接受过"劳动教育"课程学习。调查目的在于了解经过"劳动教育"课程学习后，高职院校大学生劳动价值观现状，审视反思高职院校劳动育人的不足和改进之处，进而为更加科学且精准地解决高职院校劳动育人的现实问题提供准确和合理的对策与建议。

笔者在收集相关主题资料，以及广泛吸收借鉴国内相关调查问卷和分析报告

---

① 时伟：《高校劳动教育课程的特征、架构与实施》，《中国高教研究》2022年第6期，第85~90页。

的基础上编制了调查问卷。调查问卷分为两个部分，共计 30 题，其中客观题 29 道、主观题 1 道。第一部分为个人基本信息，主要了解学生的性别、年级、专业、政治面貌、学生干部经历、父母亲的学历、生源地等内容。第二部分是问卷的主要内容，主要从认知、认同、践行这三个维度考查当前我国劳动价值观教育开展的现实样态。此外，笔者还邀请法学、教育学、社会学等领域的有关专家、学者、思想政治理论课教师、思想政治辅导员就问卷中所涉及的内容是否反映大学生劳动价值观教育现状，以及条目内容是否具有可理解性和清晰性等问题进行了修正与评价，在此基础上又反复斟酌、修订和完善了调查问卷。为对调查问卷结果进行补充性说明，课题组开展了师生访谈，以便了解数据背后的深层原因。调查问卷详见附录部分"高职大学生劳动价值观调查问卷"。

（二）调查对象选取与主要特征

本次研究的调查对象为省内高职院校大一、大二、大三阶段的专科学生。他们来自全国各地，所学专业包含了工科、商科、艺术、医学、文科等不同类别，而且几乎全部为"00后"。这一阶段的学生，正经历从"劳动光荣"的传统价值观向"劳动幸福"的现代价值观转变[①]，具体表现在以下两个方面。

（1）与过去相比，当代青少年在生活、学习以及实践等方面关注的焦点从集体转向个人，由从外部获得对劳动的肯定转向劳动本身是否能够肯定自己。关注自身，是当代青少年的一大特征，所以他们往往被打上"特立独行"、"独来独往"以及"个性鲜明"等标签。从这些性格的变化就可看出，当代青少年不再以"集体主义"为活动、思考以及表现的优先原则，更多的是从自身出发，敢于表达、表现自己，在劳动价值观方面同样也是如此。学校开展的活动、开发的劳动如果还停留在过去那种单纯的体力劳动和简单劳动的基础上，青少年势必会有排斥感和厌恶感，对劳动的天然亲切感也会随之降低。相反，他们更加愿意参加具有挑战性，能够发挥他们潜能和表现他们智力的劳动，在这些活动或劳动之中，他们能够将自己的想法、主见以及创意表达出来。

（2）与过去相比，当代青少年越来越愿意参加创造性的活动或劳动，也越来越排斥繁复、简单和机械的劳动。学校组织的劳动一般都属于"体力活"，如打扫卫生、做家务活。这些体力劳动固然重要，依然是学校劳动教育的必修课，但是就价值观的真实基础来说，已经不是当代青少年劳动教育的轴心和目标。我们应当顺应时代的潮流，与时俱进，将当代青少年的价值取向与劳动教育结合在一

---

① 王绍梁：《从"劳动光荣"到"劳动幸福"：当代青少年劳动价值观的转变》，《青年学报》2019年第1期，第12~16页。

起。创造性劳动不仅是我们社会得以发展、国家得以强大的根本动力，而且也是培养青少年符合时代的劳动价值观的根本途径。

（三）调查样本情况与要件构成

调查样本的信息见表3-1。

表3-1　调查样本的具体情况（ N =2 377 ）

指标	选项	频次	占比/%
年级	大一	1 382	58.1
	大二	888	37.4
	大三	107	4.5
专业	工科	1 500	63.1
	商科	555	23.3
	艺术	222	9.3
	医学	17	0.7
	教育	2	0.1
	农林	5	0.2
	文科	76	3.2
性别	男	1 216	51.2
	女	1 161	48.8
政治面貌	中共党员（含预备党员）	125	5.3
	群众	2 252	94.7
担任学生干部情况	未当学生干部	1 214	51.1
	班级干部	553	23.3
	院/系学生会干部	93	3.9
	社团干部	49	2.1
	校学生会干部	44	1.9
	其他	424	17.8
家庭月平均收入	2 000 元以下	323	13.6
	2 001~5 000 元	706	29.7
	5 001~7 000 元	490	20.6

表3-1（续）

指标	选项	频次	占比/%
家庭月平均收入	7 001～10 000 元	382	16.1
	10 001～15 000 元	226	9.5
	15 001～20 000 元	111	4.7
	20 000 元以上	139	5.8
父亲职业	教师	30	1.3
	产业工业	122	5.1
	医生、护士	13	0.5
	农业劳动者	415	17.5
	民企、私企员工	259	10.9
	政府、事业单位、国企员工	91	3.8
	专业技术人员	89	3.7
	私营企业主	58	2.4
	个体工商户	236	9.9
	商业、服务业员工	38	1.6
	自由职业者	471	19.8
	离退休	12	0.5
	其他	543	22.8
母亲职业	教师	41	1.7
	产业工业	77	3.2
	医生、护士	22	0.9
	农业劳动者	356	15.0
	民企、私企员工	278	11.7
	政府、事业单位、国企员工	64	2.7
	专业技术人员	21	0.9
	私营企业主	30	1.3
	个体工商户	194	8.2
	商业、服务业员工	88	3.7
	自由职业者	423	17.8
	离退休	18	0.8

表3-1（续）

指标	选项	频次	占比/%
母亲职业	其他	246	10.3
家乡	城市	371	15.6
	县城	386	16.2
	乡镇	561	23.6
	农村	1 059	44.6

（1）专业分布情况。参与调查问卷活动的2 377名大学生的专业主要是工科、商科、艺术、医学、教育、农林、文科7个专业。

（2）政治面貌和学生干部情况。在调查中，中共党员（含预备党员）占5.3%，群众占比94.7%。根据已有的研究得知，大学生担任学生干部可以增强自身的组织能力、沟通能力、团队合作能力、责任心和自律性，能够积累实践经验，在提升自己的能力方面获得更多机会。从调查样本中发现未当学生干部的占比为51.1%，班级干部的占比为23.3%，院系学生干部的占比为3.9%，社团干部的占比为2.1%，校学生会干部占比仅为1.9%。

（3）性别结构和家庭月收入情况。从性别角度来看，在调查中男生约占51.2%，女生约占48.8%。这也反映出校园男女比例情况。从家庭月收入来看，5 000元以下的中低收入家庭的占比为43.3%，15 000元以上的高收入家庭的占比为10.5%。这也是目前我国金字塔型的收入分配结构在实际生活中的体现。

（4）父母职业情况。父母作为孩子成长过程中的重要角色，他们的职业选择和态度往往会潜移默化地对孩子的职业选择、劳动价值观等方面产生影响。因此，在调查问卷的设计中，我们把父母职业情况作为调查的变量之一，设置了13个选项供学生选择。调查问卷结果显示，父母职业占比在10%以上的职业为：农业劳动者，民企、私企员工，自由职业者等。

（5）家乡所在地情况。一方水土养一方人，从宏观角度来讲，人的成长环境往往在历史文化、社会习俗、风土人情等方面对社会成员产生深刻影响。一般而言，大学生在进入大学之前，已经在家乡生活了近20年，家乡的很多元素都在大学生的初步社会化过程中留下了烙印。为此，我们考查了受访者家乡分布情况，其中来自农村的学生占比最高，达到44.6%；而来自城市和县城的相差不大分别是15.6%和16.2%，来自乡镇的占比为23.6%。

二、采集分析：数据统计与现状分析

新时代劳动教育意义重大，高职院校劳动育人实施过程中劳动价值观对于大学生的成长产生潜移默化的影响，因此通过深入了解大学生劳动价值观的现状并进行实证分析，可以及时发现问题并研究有效的应对措施，对于加强高职院校劳动育人具有重要意义。

（一）高职大学生劳动价值观的认知态势

1. 对劳动重要性的认知

高职大学生是否认识到劳动对个人成长和社会发展的重要作用是劳动价值观的主要内容之一。这其中包括学生是否能认识到劳动对于培养技能、提高专业素养、实践理论知识和为未来就业做好准备的重要性；同时，还包括能否认识到劳动对社会经济发展和改善人民生活的重要作用，以及劳动是否能够给人带来深层次的愉悦和享受性的体验。对"劳动是财富的源泉，也是幸福的源泉"这一观点认同情况的调查结果显示，90%以上的学生认同（包含非常认同、比较认同和一般认同），其中44.8%的学生非常认同，只有9.55%的学生不认同此观点（包含不太认同和非常不认同）（见图3-1）。

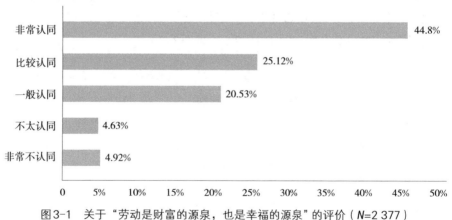

图3-1　关于"劳动是财富的源泉，也是幸福的源泉"的评价（N=2 377）

通过进一步的访谈，我们了解到学生对这一问题的认识基本上停留在"劳动是财富的源泉"的理解层面，因为人的幸福需要物质财富作保障，因此劳动也是幸福的源泉，如此得出结论。鉴于此，我们对"劳动是幸福的源泉"这一观点要加以辩证分析。当我们向受访学生提出"劳动能否带来物质性的幸福"这一问题时，学生的回答是非常笃定的，当继续追问"劳动能否带来精神性的幸福，或者说劳动能否带来精神的愉悦和幸福感"时，学生则陷入沉思，表示出谨慎和犹豫。我们对这一问题的回答也采取具体情况具体分析的策略，比如有的学生表示，如果从事的是自己喜欢的劳动，比如具有一定创造性、挑战性并能够带来较高收入，以及具有较好的人际交往环境的劳动，自己应该会感受到幸福；有的同学表示不加班的情况下，有较多的休闲时间，自己可能会感受到幸福；有的同学表示如果工作环境和要求不会损害自己的健康，自己可能会喜爱工作。在这里，学生将"劳动"与"工作"等同，这符合学生的认知，我们不对其定义作学术上的区分。很显然，从学生对于"劳动是幸福的源泉"这一问题的谨慎表现我们可以看出，劳动成为幸福的源泉需要具备相当复杂的条件，既需要劳动成为合意愿性、自主性和享受性的过程，还需要从社会治理层面把劳动对人的压迫降到最低限度，让劳动对人的促进性作用发挥至最大程度。因此，"劳动是幸福的源泉"不是一个抽象的结论，而是一种现实的历史运动过程，是一个社会良善治理、良性发展和文明进化的标尺。学生的肯定回答表明我们解决了"应然"层面的认知问题，但他们的犹豫、谨慎，甚至是少部分学生的怀疑，表明我们正在"实然"的道路上行进，劳动依然是人主要的谋生手段，尚未实现从必然王国向自由王国的飞跃，这也是社会意识与社会存在发展不完全同步性和不平衡性在劳动认知问题上的反映。

2. 对就业影响因素的认知

如果说对于劳动重要性的认知考查的是学生要不要、愿意不愿意从事劳动的问题，那么对于就业影响因素认知的分析，则是考查学生愿意从事什么样的劳动的问题。调查结果显示，影响就业选择因素排名前三的分别是劳动报酬（73.33%）、福利制度（50.53%）和升职空间（40.89%）（见图3-2）。

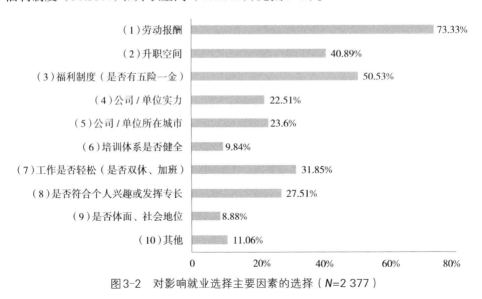

图3-2 对影响就业选择主要因素的选择（N=2 377）

这一问题的设置，主要的目的是考查学生在选择就业岗位时，是侧重物质考量，还是偏向精神追求。从提供的选项看，第（1）~（5）项主要是物质方面的因素，侧重于劳动者能否在岗位中获得相应的收入报酬、发展空间、福利待遇、所在城市的公共产品等物质利益。第（6）~（9）项主要是精神方面的因素，侧重于劳动者能否在岗位中获得成长提高、自由时间、体面尊严，发挥兴趣专长等精神因素。结果显示，影响高职学生就业因素的前三名，即劳动报酬、福利制度和升职空间则均属于物质因素，说明高职学生还是更加注重选择能够带来较大物质收益的劳动类型或工作岗位，这也是改革开放以来社会经济关系的变化在就业选择上的反映。随着市场经济的出场，并且在社会资源配置方面逐渐占据主导地位，带来的是人与人之间关系的变化，个人主义日渐凸显，评价劳动的标准和原则逐渐转向了个人，并且以获得物质利益的多少评价劳动的意义和价值。这种转移或变化所象征的是当代人的劳动价值观的转变。但是这种转变并不代表社会集体利益服从于个人利益，而只是每一个人思考和行为的出发点发生了变化。

需要特别注意的是，在前三项因素之外，居于其后的选项分别是"工作是否轻松（31.85%）"和"是否符合个人兴趣或发挥专长（27.51%）"这两个侧重劳动精神价值的选项。这说明高职学生在物质需求得到满足的基础上，会进一步考虑结合自己的兴趣爱好，尤其是能力和技能专长，在社会上寻找和匹配适合自己的劳动形式和工作岗位。在访谈中，学生表示如果工作收入丰厚，但以损害自身健康和大量休息时间为代价，则会大大降低工作带来的满意度和幸福感，必要时会考虑放弃这样的工作机会；有学生认为刚刚踏入社会，从现实出发，工资收入不是第一考虑因素，如果自己对工作内容感兴趣，工作环境和谐，工作任务具有一定的挑战性和发展性，完全可以先全身心投入工作，通过个人能力证明自身价值。这说明高职学生追求的是劳动过程和结果的统一，而非单一的物质回报，既要使人在劳动过程中享受劳动，也必须在结果上实现一种幸福的状态。这就有别于以往侧重从劳动的结果判断和评定是否有幸福感和享受感；或者又只因劳动过程的辛苦程度就简单地否定劳动获得幸福、劳动成为享受的可能性。实际上，两者不可偏废。劳动既要成为享受的过程，也必须能够提供可持续享受的基础。当谋生不再是一个问题的时候，每个人都可以轻松地作为一个动物性的生命体而存在着。在这一前提下，如果要体面地活着、更有尊严地活着，最终还要通过个人奋斗，不断地改善自己的生活生存条件，劳动就会演变为体面劳动。[①]虽然当前我国仍处于社会主义初级阶段，尚不具备普遍实现体面劳动的条件，但从高职学生对这一问题的回应可以看出他们对体面劳动的渴望，以及其中孕育的实践可能性萌芽。

3. 对劳动分工的认知

劳动价值观的形成一定离不开对劳动本身的认识和理解，可以这么说，有什

---

① 何云峰：《人类解放暨人与劳动关系发展的四个阶段》，《江淮论坛》2017年第1期，第12~18页。

么样的劳动形式就有什么样的劳动价值观。调查结果显示,近八成的高职学生"能够"接受暂时以体力劳动为主、报酬一般的岗位,其中35.68%的学生"乐于"接受,并且踏踏实实地工作。但也有13.63%的学生不能接受暂时以体力劳动为主的工作岗位,会继续考公、考研、创业、待业等(见图3-3)。

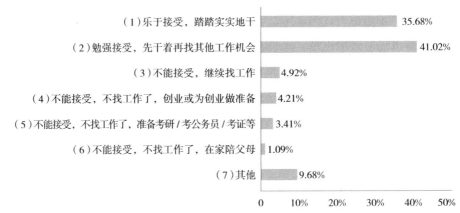

图3-3 关于毕业时暂时还没有找到理想工作,暂时以体力劳动为主、报酬一般的工作岗位的态度情况(N=2 377)

这一结果的成因大致有三个方面。一是体力劳动对推动人类社会发展发挥了重要作用。在过去时代所赞颂的劳动主要是体力劳动,主要表达了对劳动者辛苦劳作、默默奉献的尊重。在体力劳动主导社会发展、推动社会进步的历史长河中,"劳动"一时间成为"体力劳动"的同义词,这种对劳动等于"体力劳动"的理解也深深影响了当代青年,使他们愿意接受体力劳动。二是社会的主要劳动形态已经发生了根本性的转变。随着脑力劳动的普遍化,社会价值创造的主要方式也由体力劳动转变为脑力劳动,对现实劳动的认识和评价不得不受这种转变的影响,所以"坐办公室"成为人们就业一时的向往。当前社会对创造性劳动的需求越来越大,与创意相关的工作也深受青年学生追捧,这种创意工作从工作环境角度超越了体力劳动与脑力劳动的分工界限,可以"无时无刻地不在,随着创意阶级的兴起,这种工作方式从边缘走向经济的主流","'阶级'已经发生迁移,从蓝领和白领的环境,来到了'无领'工作场所"[1]。你的劳动是否有意义、是否更有价值取决于劳动的创造性的大小,而不同于过去体力劳动的简单"量"的大小。这是对当代青年影响最大、价值观形塑力量最强的一个社会条件,使他们对体力劳动产生疏离。三是对劳动的批判性反思。在调查研究中,要杜绝一味片面强调大学生不再热爱劳动、排斥劳动,甚至把劳动视作"脏乱累"的代名词的倾向或观点。

① 约翰·哈特利:《数字时代的文化》,浙江大学出版社2014年版,第27页。

我们首先应当对"劳动"本身作反思性、批判性和时代性的理解，弄明白大学生排斥的是什么样的劳动、热爱的是什么样的劳动。在资本逻辑的禁锢下，劳动呈现出异化的吊诡现象，使得劳动成为社会关系的异己力量，进入越劳动越不自由的状态。这已经不仅仅是生产力发展程度的问题了，从更高意义上，社会需要从制度安排的良善治理角度将劳动从资本逻辑中解放出来，才能克服劳动异化的现实。在社会主义初级阶段，由于生产力水平较低，还不能实现自由自愿的劳动，异化劳动在一定程度上仍然存在。但是这种异化不再体现为根据阶级划分的劳动者分工的差异，而是体现在为了促进社会主义建设而存在的生产分工的不同。[①]正是由于改革开放以来中国社会历史条件的变迁，体力劳动与脑力劳动在劳动内容和劳动收益方面都呈现出较大差距，从而带来社会劳动观念的变化。高职学生的劳动价值观只是整个社会劳动观念的缩影，它不是由高职学生主观决定的，即它归根到底是一个社会治理问题而非单纯的价值观引导问题。所以，大部分高职学生只是在"不得已"的情况下才勉强接受以体力劳动为主的工作，一旦条件成熟，依然会选择环境更为舒适、报酬更为丰厚的工作。

对于这一问题，高职学生也有自己的反思，在回答"您认为当代大学生在劳动价值观方面存在哪些突出问题"时，良好的劳动习惯、积极的劳动态度和艰苦奋斗的精神的缺乏被视为主要问题，且与其他选项相比并不占绝对优势（见图3-4），说明这一问题的答案是综合的、复杂的、相通的，作为教育工作者更要对这一问题进行全面系统的思考与阐释，运用历史唯物主义观点深入分析这一价值

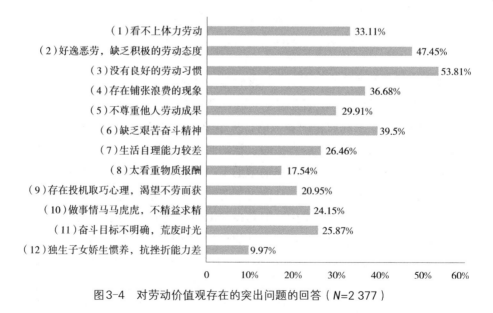

图3-4　对劳动价值观存在的突出问题的回答（*N*=2 377）

[①] 王飞：《劳动与技术教育的价值取向偏差与回归》，《中国教育学刊》2017年第11期，第69~74页。

观表象背后的物质动因和经济根源，而不能简单地作出高职学生劳动价值观不正确的片面概括。

（二）高职大学生劳动价值观的认同情况

1. 影响劳动价值观认同的主要因素

社会主义劳动价值观的主要内容是崇尚劳动、热爱劳动、辛勤劳动、诚实劳动。但人们对社会主义劳动价值观的认同却并非铁板一块、完全一致，劳动价值观的形成和发展受到多种因素的制约。调查结果显示，受访高职学生认为影响劳动价值观形成的第一位因素是父母，其次是学校，而后是个人喜好和社会风气（见图3-5）。这说明家庭环境和学校教育是塑造劳动价值观的重要因素。

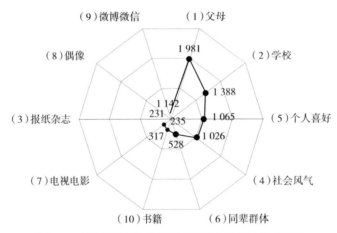

图3-5 对影响劳动价值观形成因素的选择（N=2 377）

家长是孩子的"第一任老师"，家庭是人生的"第一所学校"，家庭也是劳动教育的"第一课堂"。以笔者的个人成长经验看，个人的劳动态度、劳动技能和劳动习惯均是在家庭教育中养成的，从小学一年级开始在母亲的指导下做饭、喂家禽、打扫庭院，到每年的春忙假、秋忙假帮助家里播种、收割庄稼，家务和农业生产劳动技能都是在家庭成员的帮助下、在真实的劳动场景中习得的。笔者通过劳动获得家庭成员的赞赏，从而对"劳动光荣"这一观点深信不疑。虽然我们的调查对象是当代高职大学生，但其在父母的影响下形成的劳动价值观念同样将会影响终身。访谈中学生表示，自己的日常生活技能都是父母教会的，同时父母的工作态度也影响到他们对劳动的认同，如果父母认为工作是快乐且有收获的，就会帮助孩子形成正向的劳动价值观，反之如果父母经常抱怨工作是劳累且受制于人的，甚至将负面情绪发泄到家庭成员身上，就会使孩子对劳动产生畏难和抵触情绪。高职学生对家庭教育的依赖和偏爱，从另一个问题"在您看来，您更愿意接受下列哪种形式的劳动教育"中得到进一步验证（见图3-6）。在对这个问题的回答中，54.9%的学生选择"向家长学习，从小参加家务劳动等"选项，从不同侧面证明家庭教育对高职学生劳动价值观影响程度之深。目前，许多学生和家长对劳动教育的认知仍停留在传统体力劳动的模糊印象之上，很少有家长认为劳动教育是优质教育的组成部分，他们更希望子女摆脱劳动——传统意义上的体力劳动。[①] 在家庭教育中，劳动教育面临着被普遍忽视的状况。

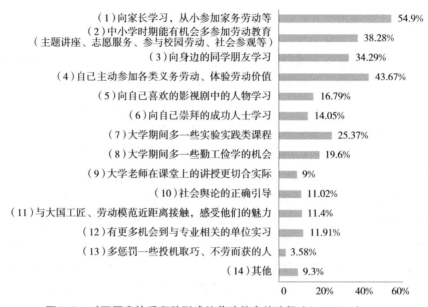

图3-6　对更愿意接受哪种形式的劳动教育的选择（N=2 377）

从当下大多数人的认知来看，学校作为教育的专门机构依旧是社会的主流认知，进而呈现出学校主导教育的局面，意味着学校需要而且能够以教育的专业眼光为受教育者提供符合其身心发展规律的劳动教育。学生从6周岁进入学校学习，到进入高职院校时已经在学校学习了至少12年，他们在校学习时间大大超过其与家庭成员的相处时间。因此，学校教育成为继家庭环境因素之后，对学生劳动价值观产生重大影响的主要因素。受访学生认为无论是中小学时期的劳动综合实践课程，还是大学时期的劳动教育必修课程，甚至是在公共课和专业课中，都或多或少有一些对自己劳动价值观产生影响的内容，特别是学校组织的大国工匠、劳动模范进校园活动，更是让自己感受到劳动能够给人带来幸福和尊严，从而更加坚定崇尚劳动、

---

① 赵蒙成：《新时代劳动教育的本体价值与实践进路》，《现代教育管理》2022年第2期，第38~47页。

热爱劳动、辛勤劳动、诚实劳动的劳动价值观。这种数十年如一日的浸润和耳濡目染的学校教育，成为学生劳动价值观形成和发展的重要影响因素。

近一半高职学生认为"个人喜好"是影响劳动价值观的主要因素，说明新时代的高职学生具有较强的自我意识和主观能动性，追求在劳动中获得精神的享受和愉悦，注重创造性天赋的发挥，而不仅仅满足于维持肉体生存。当然，对这一问题我们仍要进行辩证分析。访谈中了解到，学生对"个人喜好"的理解多是随心所欲、脱离实际的，比如"钱多、活儿少、离家近"。这样的回答不能说是错的，但至少是不够深刻和全面的，且最终还是把个人喜好与物质获得紧紧勾连在一起，从根本上缺少对当前劳动状况的反思与超越，容易滑向劳动任性的认识误区。马克思主义认为，必然是通向自由的重要路向。劳动也是如此，劳动必然是实现劳动自由的必要条件。劳动者在实现劳动自由之前，首先要认识到劳动必然的重要性，自觉自愿地从事劳动，也就是说劳动者要有强烈的劳动主观意愿。"个人喜好"不是盲目和抽象的，要求劳动者结合自己的兴趣爱好，尤其是能力和技能，在社会上寻找和匹配适合自己的劳动形式和工作岗位。这样的"个人喜好"才能保持可持续性，才能使得劳动成为持久性的享受。

高职学生认为影响劳动价值观的第四大因素是社会。如果社会不改造，社会并没有对劳动者的尊重、对劳动成果的尊重，或者分配制度极端不公平、不能善待劳动者，光靠学校单独承担劳动教育的责任是没有希望的。[1] 社会即教育，忽视社会制度和文化建设，社会生活就会从根本上失去对劳动教育的参与和支持作用。有研究者提出，劳动教育无论在历史上还是当今时代，本质上都属于社会教育领域，不能拔高和夸大学校劳动教育的功能和作用。[2] 无论是父母的言传身教，还是学校教师的传道授业以及个人的兴趣偏好，无不体现着深刻的社会烙印，父母、教师与学生无不是身处社会生活中的人。从宏观意义上讲，前三个因素完全从属于社会因素。当前我国的市场经济体制还处于完善之中，劳动制度和社会财富的分配机制对普通劳动者难言友好，异化劳动较为普遍地存在，依靠非劳动途径暴富的现象也较为普遍地存在，不劳而获、投机致富、消费主义、享乐主义等不良社会思潮具有一定的影响，这歪曲了劳动的本质，不仅侵蚀社会健康发展的基石，也使学校的劳动教育缺失必要的社会环境与前提。[3] 不良的社会氛围对青少年产生了极其恶劣的影响，导致青少年劳动意识淡薄，甚至否认劳动的价值。

---

① 檀传宝：《何谓新时代劳动教育之"新"》，《中国教育报》2022年5月12日。
② 张应强：《新时代学校劳动教育的定性和定位》，《重庆高教研究》2020年第4期，第5~10页。
③ 赵蒙成：《高质量劳动教育何以可能：基于现象学的考察》，《湖南师范大学教育科学学报》
　　2023年第6期，第145~152页。

2. 对劳动文化的认同情况

劳动中蕴藏着深厚的文化累积，对于个体而言，劳动不仅是一种身体性的实践，也是文化性的人格形成的过程。劳动及其所蕴含的优秀文化对于个体身心全面成长具有促进作用。从调查结果看，高职学生的劳动文化认同情况良好。问题设置了"家务活是家长的，不需要孩子插手""新时代不需要弘扬艰苦奋斗精神了""万般皆下品，唯有读书高""在力所能及的情况下，帮助别人能够获得快乐""劳动是财富的源泉，也是幸福的源泉""节俭要从小事做起，每一样东西都来之不易"六个测量指标，共有"非常认同""比较认同""一般认同""不太认同""非常不认同"五个选项供受访者选择。图3-7所示的统计结果显示，82.96%的高职学生认同（包含"非常认同"和"比较认同"）新时代需要继续弘扬艰苦奋斗精神；82.29%的高职学生认同应该和家长共同承担家务劳动；在其他几个问题中，大部分高职学生也能够做出正向的价值选择。党的十八大以来，与"劳动"相关的表述在社会主流话语体系中的地位日益凸显，越来越成为人们的共识。在这样的背景下，绝大多数大学生能够熟悉并认同这些与劳动相关的话语表述，就是顺理成章的事了。

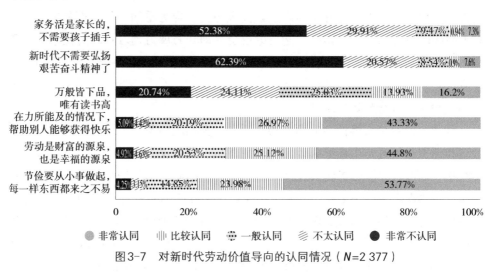

图3-7 对新时代劳动价值导向的认同情况（N=2 377）

问卷中，我们列出了一些常见的、反映消极劳动文化的语句供受访对象选择。值得注意的是，在"万般皆下品，唯有读书高"这一问题的选项中，学生的选择差异度不大。30.13%的学生表示认同，44.85%的学生表示不认同，还有25.03%的学生表示一般认同。"万般皆下品，唯有读书高"这一说法出自宋代汪洙的《神童诗》，是儒家思想的经典表述，影响着一代又一代中国人的劳动价值判断。这一说法常被解读为古圣先贤指点、激励后生勤勉治学求取功名的谆谆之言。虽然它的意思是在激励人心立志读书，但其中不乏对其他劳动阶级的贬低，与社会主义的劳动价值观相背离。有近三分之一的学生认同这一观点，说明这种观点在现实中依然有其生存的土壤。比如"唯成绩论"盛行，学生除了读书其他什么事都不用做；初中便对学生进行职普分流教育，让学生意识到学习成绩不好最终只能进职业院校学习；社会对职业院校的歧视和贬低，认为职业院校培养的学生有技能却无才能，能工作却无专业情感，通晓专业知识却无家国情怀等，无不是"万般皆下品，唯有读书高"在生活中的体现，并有着较为普遍的认同基础。甚至高职学生不知不觉也沦为这一观念的信奉者，对专业和职业缺少认同感，最终成为一个自己不想成为的人，何谈生命个性和自由价值的实现。

这一认同深层次地反映出社会中存在以职业成长为导向的劳动教育与以个体文化性的成人为中心的劳动教育两者之间相对立的观念。[①] 当下人们之所以对职业性的劳动教育持有怀疑乃至鄙视的态度，对职业院校培养的人才带有一定的歧视，其根源一方面在于人们对其所培养个体的文化水平的质疑，也即对于职业性教育本身抱有贬低的态度，另一方面也源于职业性的劳动教育本身忽视了对个体文化性成长的价值引领。也就是说，高职学生劳动价值观认同存在绝对和片面问题的生成机理是：高职院校忽视对学生的文化培养，导致其培养的人才成为缺少文化性的单向度的人，这种单向度在认同领域就表现为看问题的片面和绝对。这对于高职院校劳动育人将是一个必要的提醒，即在开展劳动教育的过程中要注重文化的渗透和滋养，使学生在和谐适宜的劳动文化场景和氛围中建构更高的文化价值观念。

3. 对消费观念的认同情况

劳动与消费是人类社会的两大根本活动。美国政治理论家汉娜·阿伦特认为劳动和消费只不过是生命必需性强加于人的同一过程的两个阶段。[②] 虽然近些年一些令人咋舌的奢侈消费现象引起广泛关注，但中国距离消费社会还有较大差距。不容忽视的现实是，一个在西方发达国家业已存在的消费社会正在中国特别是东部沿海发达城市逐渐形成，深刻影响着人们传统的价值观念和生活方式。[③] 在传统社会中，人们的消费由劳动决定，劳动时间的长短、能力的高低决定了消费的多少和水平，同时消费也会推动劳动创新。在逐渐形成中的消费社会里，消费对劳动的影响更为明显，甚至会反作用于劳动。在调研高职学生"您属于哪

---

① 位涛、孙振东：《论劳动教育的文化之维：劳动何以促成个体之成人》，《当代教育论坛》2022年第1期，第109~116页。

② 汉娜·阿伦特：《人的境况》，王寅丽译，上海人民出版社2009年版。

③ 班建武、李凡卓：《消费社会中青少年认同危机及出路》，《思想理论教育》2007年第1期，第12~17页。

种消费观"时,41.73% 的学生选择了"实际型"消费观;46.15% 的学生选择了"实惠型"和"节俭型"的消费观;4.5% 的学生选择了"奢侈型"和"高消费型"消费观(见图3-8)。

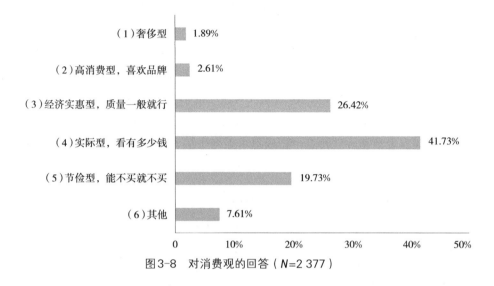

图3-8 对消费观的回答(*N*=2 377)

　　勤俭节约是中华民族的传统美德。在中国几千年的历史上,奢俭问题一直是消费观的核心问题。儒家、道家、墨家等对中华民族文化产生深刻影响的思想流派,都是"崇俭黜奢"的。为什么倡导崇俭黜奢?中国传统伦理认为,"俭,德之共也;侈,恶之大也"。节俭是大德,它使人寡欲,一切德性皆从节俭而来,节俭滋养德性。正如诸葛亮在《诫子书》中所言:"夫君子之行,静以修身,俭以养德。"而奢侈是大恶,它腐蚀健康的道德人格,败坏社会风尚,甚至造成国家的衰亡。历史已经证明并将继续证明"成由勤俭败由奢"。进入新时代,中国社会的主要矛盾已经转化为人民日益增长的美好生活需要和不平衡不充分的发展之间的矛盾。在我国稳定解决了十几亿人的温饱问题,全面建成小康社会以后,是否还要继承中华民族传统美德,坚持勤俭节约的方针?答案应该是肯定的。我国社会主要矛盾发生了变化,但仍处于并将长期处于社会主义初级阶段的基本国情没有变,我国是世界上最大发展中国家的国际地位没有变。勤俭节约是我国长期要坚持的方针。46.15% 的学生选择"实惠型"和"节俭型"的消费观,也说明中华民族勤俭节约的传统美德依然影响着高职学生的消费观。

　　对于41.73% 的学生选择"实际型"消费观,我们加以具体分析。访谈内容可以作为对这一现象的重要补充。选择这一选项的同学表示,他们既不同意一味固守传统的勤俭节约美德而抑制消费,也不赞成为了满足奢侈需求而透支消费,而是认为要根据自身的实际情况确立适合自己的消费观。比如对于一些能够提高生活质量的消费品，通常会选择"国产平替"，也就是一种推崇平价替代品的消费现象，他们不会再轻易为品牌溢价买单，不再一味追求奢侈品、网红产品。这种"平替热"可以视为一种以俭代奢、量入为出朴素消费观的回归。这一点我们在高职学生每月花费问题上得到验证，选择每个月花费为2 000元以下的学生占到了85.95%，每月花费在3 000元以下的学生占到了95.45%（见图3-9）。这样的平均月花费不足以支撑奢侈消费，这与中国青年网的一项调研结果①保持了相当程度的一致。中国青年网表示，大学生购物时注重商品质量、实用性和价格，近五成遇到消费问题时会当场维权，超八成认为自己的消费观念为理性消费。"实际型"消费观的选择说明高职学生在继承勤俭节约传统美德的基础上，同时考虑自身经济能力，顺应个性和心理特点，积极追求美好生活，形成了简约适度的消费观。

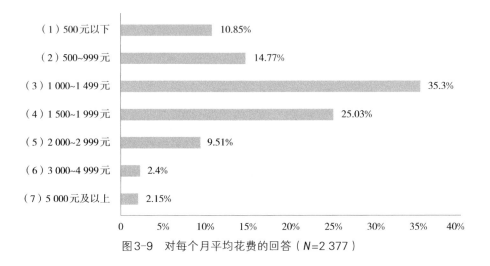

图3-9 对每个月平均花费的回答（N=2 377）

我们注意到，有4.5%的学生选择了"奢侈型"和"高消费型"消费观，虽然比例并不大，但也有必要对这部分学生的消费动机和态度作具体分析，以便全面了解高职学生的消费观。我们认为，大学生不超出自身家庭经济能力范围，购买一些较为昂贵的商品，不能将其简单地定义为奢侈和高消费。我们要警惕的是不恰当的消费行为带来的消费能力与消费欲望失衡，让人在欲望中迷失自我、丧失道德。高职学生要做自己的主人和国家的建设者、接班人，必须确立自我的价值主体地位，通过对各种生活方式进行自主澄清、分析、推理、鉴别、抗御、应用与创新，赋予生活以自主、积极、符合时代精神的价值品味，从而提升自我的内在深度感、责任感和使命感，这是造就一个社会的、历史的、现实的、自我的必

①《大学生消费观调查：近九成大学生主要通过网购消费》，中国青年网，2023年8月25日。

由之路。这时，我们要调整单纯价值灌输的教育方式，帮助高职学生通过自主的反思和理性的鉴别，正确认识消费的本质，摆脱消费困境，提升认知水平。

与大部分高职学生理性消费的情况相比，下面这个问题需要引起我们的注意。在"在学校食堂里，当看到有同学浪费食物，您最倾向于怎么处理"这个问题的回答中，43.21%的学生选择了"这是别人的权利，我无权干涉"。仅有13.63%的学生选择"上前提醒一下同学别浪费食物"，8.75%的学生表示当浪费情况严重时会向老师或管理人员反映（见图3-10）。

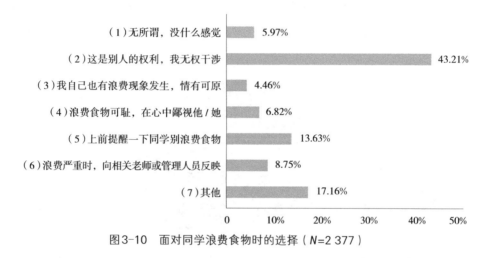

图3-10　面对同学浪费食物时的选择（N=2 377）

对于学生的这一选择我们不能简单地认为高职学生不珍惜粮食，或者不勇于同浪费现象做斗争。对于个人来说，消费是一种私人行为，如何消费是个人的选择。学生的选择一方面包含了尊重他人的消费选择权的考虑，另一方面也体现出个人要为其选择而承担相应后果的立场。这提醒我们教育工作者，价值观教育要立足于学生的主体自觉，帮助学生进行自我赋值，从而提升自我的内在深度感、责任感和使命感，进而做出理性选择。即是说，要让"珍惜粮食"成为学生的内在、主动选择，当他"浪费粮食"时不是担心来自外界的谴责与质疑，而是难以向自己的良知交代，从而出现对自我的怀疑和不认同，这样才是一种更为持久、真正健康的消费观。

（三）高职大学生劳动价值观的践行程度

1. 劳动习惯

良好的劳动习惯不仅对个人的成长和发展至关重要，也对社会产生积极影响。为了更好地了解高职大学生在校内校外的劳动习惯，本次调查分别从"家务活是家长的事，不需要孩子插手""寒暑假在家平均每天做家务劳动的时长""在校期间如何处理脏衣服""发现寝室里很乱，没人打扫时的处理方式"四个方面来进行考量。

图3-11所示的调查结果显示，82.29%的高职学生不赞同家务活是家长的事，不需要孩子参与（包括"非常不认同"和"不太认同"）。他们认为家务活需要在家长的指导下，由家长和孩子共同分担，这是培养家庭责任感进而形成社会责任感的重要途径。但仍有占比达17.71%（包含"非常认同"、"比较认同"和"一般认同"）的学生认为家务活是家长的事，不需要孩子参与。访谈中学生表示自己的父母就是这样做的，从来不让自己参与家务事，久而久之便习以为常了。

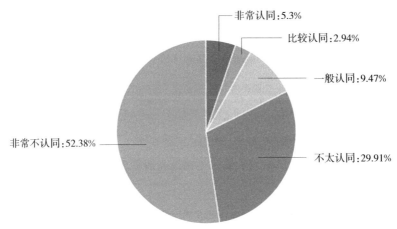

图3-11 对"家务活是家长的事，不需要孩子插手"的看法（N=2 377）

如图3-12所示"寒暑假在家平均每天做家务劳动的时长"这一调查结果显示，"1~2小时"的仅占11.7%，"2小时以上"的占15.73%，大部分学生的劳动时长在"10分钟~半小时"和"半小时~1小时"，不做家务的学生占5.34%。家庭教育是劳动习惯养成的重要因素，家长在培养孩子的劳动意识上也日渐重视，从数据来看，大部分学生能够参与家务劳动，但仍有部分学生认为家务劳动是父母的事情，不参与家务劳动。

如图3-13所示，对于高职院校大学生在校期间如何处理脏衣服，62.05%受访高职大学生通过自己手洗处理脏衣服，31.85%的受访大学生利用校园洗衣机洗，这两部分加在一起占到总人数的93.9%，说明高职学生普遍具有良好的劳动习惯和生活自理能力。然而，也有少量请别人洗衣物或者寄回家、攒一起回家洗的情况出现。大学生在大学期间独立自主是一个重要过程。一方面他们需要自主制订学习计划，管理时间，选择适合自己的学习方法和资源；另一方面也需要独自处理各种生活事务，如管理个人时间、饮食和健康等。他们需要学会做出决策、解决问题、处理压力，并照顾自己的身心健康。

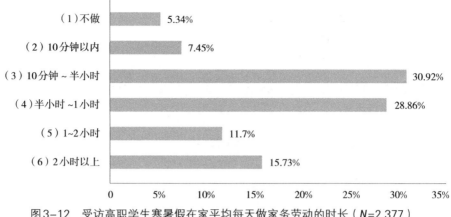

图3-12　受访高职学生寒暑假在家平均每天做家务劳动的时长（N=2 377）

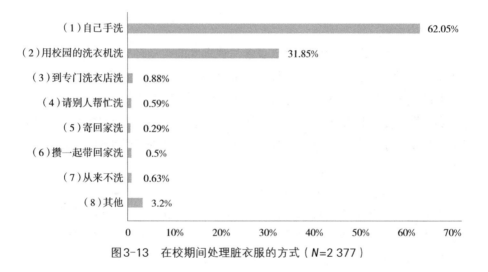

图3-13　在校期间处理脏衣服的方式（N=2 377）

　　大学生活对于培养集体意识和劳动习惯有着积极的影响，在看到宿舍杂乱无人打扫时，38.33%的高职学生选择自己主动打扫，25.79%的高职学生选择提醒值日同学打扫，17.88%的高职学生选择邀请室友一同打扫；而7.54%的高职学生选择"视而不见"和"发牢骚、抱怨"（见图3-14）。无论是选择自己打扫、提醒值日生打扫，还是与室友一同打扫，都体现了学生的劳动责任感和积极主动精神，只是采取的具体策略不同而已。同时，我们还要注意到仍有很小一部分学生对劳动采取消极、漠视的态度，他们的数量虽少，但其行为的负面影响不得不引起重视，为此要将提高学生的劳动责任感作为教育的重点予以全盘考虑。

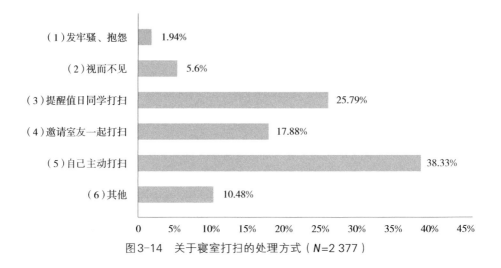

图3-14　关于寝室打扫的处理方式（*N*=2 377）

2. 社会实践

参加社会实践使大学生得以亲身参与到真实的劳动环境中。通过实际劳动工作体验，大学生能够亲身感受到劳动的价值和重要性，理解劳动对个人成长和社会发展的积极影响。实践锻炼帮助大学生了解各种职业和行业的要求与挑战，培养了实际操作能力和劳动习惯。为了进一步了解大学生在校期间的劳动实践情况，我们选择从大学生实践内容和实践意义两个方面来考查大学生对劳动实践的认识和思考。

统计数据表明，对于不同的实践内容大学生都有参与，其中选择志愿性服务（公益性活动）的占比为34.62%，选择兼职打工的占比为31.76%，选择勤工俭学的占比为23.69%，值得关注的是受访大学生除了选择公司或者单位实习、生产劳动、"三下乡"活动、创业实践之外，选择"其他"的占比为45.23%（见图3-15）。

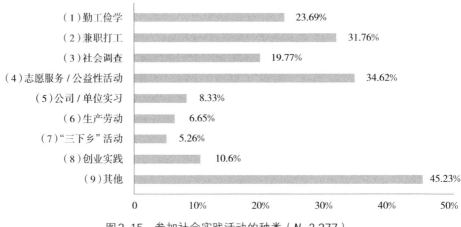

图3-15　参加社会实践活动的种类（*N*=2 377）

参与社会实践劳动对于个人来说，可以增长见识、培养社会责任感、提升人际关系与合作能力、探索职业发展，并促进自我成长与自信心培养。对于社会来说，社会实践劳动的参与可以增强社会的凝聚力、推动社会发展、改善社会问题，以及培育积极向上的公民意识和价值观。针对这一内容，我们调查了"大学生认为在大学期间参加社会实践活动的主要意义"的情况。从图3-16显示的调查结果的数据中可以看到，63.69%的学生认为参加社会实践可以积累工作经验；63.4%的学生认为可以丰富课余生活；50.86%的学生认为可以多一种体验生活的方式；48.67%的学生认为可以通过社会实践赚取生活费或者零花钱；37.78%的学生认为能够实现个人价值。大部分的学生都能意识到通过实践劳动可以提高技能，拓宽视野，实现个人价值，有助于增强职业规划意识。但也有15.15%的受访大学生认为参与实践活动主要是为了完成学校的学分和实习任务。

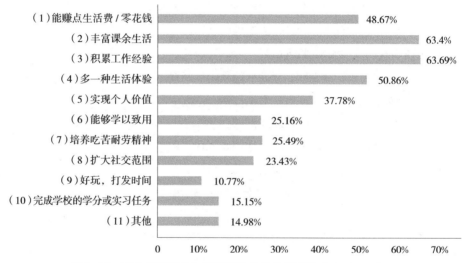

图3-16　对大学期间参加实践活动的意义的回答（N=2 377）

3. 劳动就业

如图3-17所示，在毕业后的就业去向上，43.54%的高职学生选择参加工作，21.25%的高职学生选择继续深造，8.5%的高职学生选择创业。也就是说，73.29%的高职学生有着清晰的就业规划。仍有19.14%的高职学生表示迷茫，不确定就业方向。

进一步调查高职学生"最向往的职业类型"，学生普遍对"自由型"职业表示出浓厚的兴趣，有47.29%的学生选择了时间和环境自由的职业，这一选项与其他选项相比遥遥领先，接下来依次为"稳定型"和"技术型"选项（见图3-18）。自由与稳定这样看似不可兼得的选择中，包含着高职学生多样化的价值诉求。

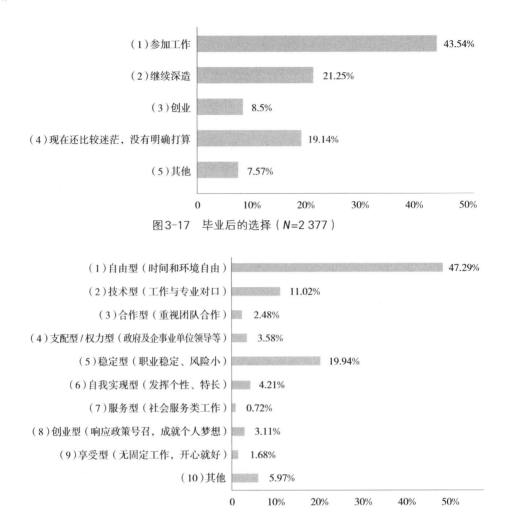

图3-17　毕业后的选择（N=2 377）

图3-18　最向往的职业类型（N=2 377）

当我们继续考查高职学生在现实中选择职业时的考虑因素时，发现一个差异现象。这一问题的答案与学生"向往"的理想职业有所不同。在回答这一问题时，学生显然将重点聚焦在了"劳动报酬"，以及与劳动报酬关系密切的"升职空间"和"福利制度"上，而与"自由"相联系的"工作轻松""符合个人兴趣与专长"选项则退居其次（见图3-2）。这一回答包含了高职学生对"理想丰满"的期望，也蕴含着对"现实骨感"的认清，毕竟人归根到底是生活在现实中的，只有接受并努力改变现实，才更有可能实现心中的理想，在理想与现实的不断碰撞中走向成熟。

沿着现实的维度继续考查高职学生心目中对就业起决定性影响的因素，发现高职学生依旧保持着"人间清醒"的态度。位列前三的因素分别是：个人实力、家庭背景和机遇运气（见图3-19）。访谈中，尽管高职学生承认在职场中存在依靠关系和背景的情况，但并不具有普遍性，决定一个人能否行稳致远的关键在于个人实力。由此，我们认为高职学生是具有奋斗精神的群体，通过个人奋斗赢得幸福、美好生活构成其价值观的坚实底座。此外，学生认为家庭背景也是职业发展中的重要因素，这是此前学生对家庭教育和家务劳动的倚重态度在这一问题上的再次反映。机遇运气表面上看虽不可控，偶然发生，但也与个人实力有着不可分割的密切关系，强大的个人实力毫无疑问会为自己争取到更多更好的机遇和运气。在三者之间的关系中，个人实力是居于主导和支配地位的，家庭背景和机遇运气是对个人实力的有益补充。

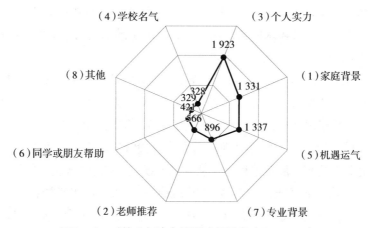

图3-19 对就业起决定性影响的因素（N=2 377）

三、借鉴超越：发展趋向与实践要求

劳动教育的核心是树立正确的劳动价值观。[1] 依托问卷调查和访谈，我们掌握了高职学生劳动价值观的一手数据和资料，在数据分析部分兼论了其中某些现象的生成机理。劳动价值观是劳动育人的出发点和落脚点。本章前两节主要就当前高职学生的劳动价值观状况进行调研，理清了高职院校推进劳动育人研究的出发点。但仅仅止步于这一限度是不够的，仍需沿着这一出发点，在借鉴的基础上加以超越，阐明高职院校劳动育人的发展趋向与实践要求，为劳动育人的现实问题提供方法论指导，通过否定之否定，完成劳动育人在高职学生劳动价值观上的回归。

---

[1] 张威：《劳动教育融入大学生思想政治教育的价值及启示》，《中国高等教育》2020年第20期，第36~38页。

（一）守正传承与时代创新相统一

高职院校劳动育人是一个动态发展的概念，其基本内容随着时代变迁而不断丰富和完善。随着时代发展，人类劳动构成愈发复杂多元，尤其在信息科技飞速发展的新时代，网络化、虚拟化、智能化的劳动形式日益普及。在此背景下，《意见》特别强调要"结合产业新业态、劳动新形态，注重选择新型服务性劳动的内容"。但同时，劳动在不断彰显其时代性的同时，仍然是人类社会赖以生存和发展的重要基础，是创造美好幸福生活的重要前提；具备良好的劳动素养，也仍然是促进大学生全面发展、提升大学生生存能力和生活质量的重要保障。由此可见，新时代高职院校劳动育人的基本内容既包括传统劳动教育中一以贯之的理念和要求，又具有符合新时代需求的诸多新特点，体现了继承性与创新性的有机统一。

1. 高职院校劳动育人的时代新特点

（1）社会劳动形态具有新的时代特征。新时代是科技飞速发展的时代，科技的发展和科技成果的转化带来了生产力和生产关系的深刻变革，与之相适应的社会劳动形态相较于以往也发生了深刻变化，在劳动组织方式、主体身份、管理过程、时间空间和外部边界等方面都呈现出诸多新时代特征。当前，以人工智能、大数据为代表的数字技术发展正使得生产从"机器换人"转向"人机协同"。在"人机协同"的发展趋势下，产业工人与生产设备同时嵌入生产组织流程，其成长路径将会发生巨大变化。[①] 特别是我国"卡脖子"行业的发展急需大量能够人机协同工作的技术技能工人。当前，芯片、集成电路、医药核心技术、新材料核心技术等岗位的结构性矛盾突出，高技能人才的求人倍率远远不止2，一个职位往往五六个月也等不到合适的人才。[②] 例如，一部高端光刻机约有10万个零部件，集中了多个国家的尖端技术，其细小零部件的生产难以完全依靠机器自动化生产实现，更需要熟练的工人协同加工设备共同完成。劳动形态演变的新趋势对当代产业工人队伍，乃至高职院校人才培养提出新的要求。

（2）劳动育人的目标要求具有新的时代特征。社会劳动形态的发展变革必然给劳动者的综合素质提出新的更高的要求。未来的高职毕业生将不再仅局限于面向服务生产一线，也需要同时具备观察现象、思考探索等方面的核心能力，提高其创新能力与对职业文化的认同。一是对劳动者文化素质的要求提高。数字技术发展所带来的不仅是生产过程的优化，而且带来了人机、人人间交互方式的变化。这便要求劳动者具备良好的数字素养，有效掌握数字化参与、数据分析、在线协

---

① 刘晓、钱鉴楠：《技能型社会下产业工人队伍建设与职业教育使命担当》，《中国职业技术教育》2021年第33期，第5~10页。

② 《技能人才"画像"来了，像你吗？》，《经济日报》2021年8月10日。

作等能力。同时,实现碳达峰、碳中和的发展理念也要求工人具备良好的绿色素养,通过技术技能提升改变原先粗放型的生产操作。二是由重视岗位技能转向岗位协调能力。随着自动化生产程度的提高,现代工作变化的速度日益加快,具体表现为许多传统工作岗位的消亡或合并,对劳动者的专业知识、能力要求也相应拓宽,这也就意味着企业对员工的需求将逐渐淡化强调岗位技能的专业转而注重岗位协调能力提升。三是通用能力将被更加重视。机器换人进一步推动了产品的集成化与模块化,生产组织方式得到进一步简化,由此导致工作岗位合并、工作范围拓宽,对劳动者专业知识与能力的要求更宽,更需要注重综合职业能力的培养。因此,培养高职学生适应科技进步要求,提升其文化素质、协调能力和通用能力为主要内容的综合素养,越来越成为新时代高职院校劳动育人的重要任务。

（3）大学生个体具有新的时代特征。当前高职学生都是"00后",他们是在经济发展、社会转型、国际化交流等多重影响下成长起来的一代人,他们的劳动价值观呈现出一些新的特征。从整体上看,高职学生对劳动持普遍认同的态度,承认劳动对于社会发展和个人幸福的重要意义,这表明在家庭教育和中小学阶段的教育中的劳动教育是有效果的。但同时,当前高职学生对劳动尚缺乏深刻的理解,特别是缺乏辩证认识和思考复杂劳动现象、处理复杂劳动关系的能力。他们对劳动的本质和意义缺乏清晰和全面的认识,往往将劳动简单地等同于工作或就业,片面追求自由、收入、舒适等,忽视了劳动的内在价值和外在价值,忽视了劳动的主体性和创造性,忽视了劳动的多样性和广泛性。笔者反对用劳动认知弱化、劳动情感淡化等否定性词汇片面概括当前高职学生的劳动价值观状况,因为这归根到底是社会物质发展水平在大学生价值观上的投射,但在追求美好生活、体面劳动的过程中,对劳动的理性审视、能动反映是大学生应有的深刻态度,这是新时代高职院校劳动育人应当重点考虑的因素。

（4）劳动育人的实施条件具有新时代特征。劳动育人的实施条件包括教师队伍、劳动场地设备、劳动平台资源、劳动组织管理等。当前高职院校教师队伍,尤其是青年教师队伍自身接受劳动教育不够,劳动育人意识整体不强。比如在高职劳动教育课程开发与实施过程中,要求教师在课程实施过程中具备融合不同类型知识、挖掘情感价值、引导学生完成核心素养再建构的能力,实现以劳动教育课程为纽带,联通学生的教育世界、生活世界、职业世界。因此,师资队伍建设是影响高职劳动教育课程实施效果的关键因素,也是高职院校在开展劳动教育课程规范化管理时需要突破的难点。[①] 各类劳动场地设备和平台资源在数量和质量

[①] 胡秋儿、蒋思婷:《基于 PBL 模式的高职劳动教育课程开发与实施》,《职教论坛》2023 年第 10 期,第 50~55 页。

上虽较以往有明显改善，但彼此间的协同配合机制尚不健全，育人效果不明显；劳动组织管理借助信息化、智能化手段，在相较于以往更加便捷高效的同时，也存在信息滥用、侵犯隐私等风险。

2. 新时代高职院校劳动育人的承继性特征

新时代高职院校劳动育人不仅彰显时代性，还具有鲜明的承继性特征，主要体现在四个方面。

（1）在认识上始终坚持劳动者的主人翁地位。充分发挥劳动者的积极性、创造力和智慧，是推动我国改革开放和社会主义现代化建设的重要保证。劳动者不论年龄和分工，都是社会主义现代化事业的建设者，都应该得到承认和尊重。无论社会生产力水平发展到何种程度，劳动形态如何变迁，劳动始终是创造财富、创造幸福的唯一源泉，这一点在任何时候都必须坚持。

（2）在导向上始终坚持社会主义办学方向。坚持社会主义办学方向是坚持和发展中国特色社会主义教育的根本原则。一旦忽视或弱化对社会主义办学方向的坚持，必然会在培养人方面走入歧途，全体国人为之奋斗的现代化事业也必然会失去方向和目标。坚持社会主义办学方向，就是要坚持社会主义意识形态的主导地位，把培养德智体美劳全面发展的社会主义建设者和接班人作为根本任务，回答好培养什么人、怎样培养人、为谁培养人这个教育的根本问题。

（3）在理念上始终坚持教育与生产劳动相结合的基本原理。教育与生产劳动相结合作为马克思主义基本教育原理，是新时代高职院校劳动育人的重要思想资源，也是我国长期以来一贯坚持的教育指导方针。在当前新的历史条件下，坚持教育与生产劳动相结合，应当着力拓宽"生产劳动"的内涵范围，赋予其更多的时代特色，不断创新教育与生产劳动之间的结合方式，推动二者紧密联系、相互促进。

（4）在作风上始终坚持艰苦奋斗的优良传统。艰苦奋斗是中华民族的优良传统，也是中国共产党在长期的革命、建设和改革过程中形成的政治本色。艰苦奋斗不等于蛮干、苦干，要讲方向、讲立场、讲方法，是富有科学精神和爱国热情的奋斗。在全面建设社会主义现代化国家的新征程上，高职学生作为未来高素质劳动者大军中的一员，应当以艰苦奋斗的优良作风去勇挑重担、攻坚克难，不断战胜前进路上的艰难险阻。

以上对形势的研判分析，可以为加强和改进新时代高职院校劳动育人提出新的思路和要求。在劳动形式的选择上，既要积极顺应时代发展要求，教育引导高职学生开展各类新型劳动，又应当兼顾传统劳动形式，循序渐进地培养大学生的劳动态度和劳动能力；在劳动目标设定上，既要着重培养高职学生创新创业的意识和能力，又必须一以贯之地加强对学生思想政治层面的引导；在劳动育人实施过程中，既要善于借鉴传统经验，摒弃错误倾向，又必须不断开拓创新，努力适应新形势、新要求和当代高职学生的新特点。

（二）个人价值与社会价值相统一

分析劳动教育价值的含义，包含政治教育、发展经济的社会价值和促进个人全面发展的个人价值的三重价值内容[①]，又可进一步概括为社会价值和个人价值两大方面。不同历史时期，我国劳动教育追求的价值内容重心不尽相同，三重价值内在的含义也在不断地演化、发展和丰富。正是大学生个体和社会的需要，构成了新时代高职院校劳动育人价值生成的人性基础。[②]

1. 高职院校劳动育人的社会价值

高职院校劳动育人的社会价值主要体现在三个方面。

（1）为高职院校落实立德树人根本任务提供路径方法支撑。促进大学生德智体美劳全面发展，是高职院校立德树人的重要使命。长期以来，我国高校践行这一使命的主要路径和方法集中于传统的课堂教学、道德宣讲、典型示范等，在一定程度上忽视了劳动实践锻炼对培养全面发展的合格人才所具有的特殊重要作用，造成了劳动教育越来越成为我国教育体系中最大的短板，直接导致一部分大学生不懂劳动、不愿劳动、不会劳动的问题凸显。新时代高职院校劳动育人将劳动实践贯穿于大学生德育、智育、体育、美育和创新创业教育中，能够克服传统课堂理论知识教学片面、僵化的弊端，同传统教育方式形成优势互补、互促互进的良好格局。

（2）为我国经济社会发展提供优质劳动力支撑。习近平总书记指出："在前进道路上，我们要始终高度重视提高劳动者素质，培养宏大的高素质劳动者大军。"[③]对高职院校而言，劳动教育的目的不仅在于学生知识技能的培养锻炼，还包括劳动情感、劳动精神等综合素质的养成。新时代高职院校劳动育人将劳动创新素养作为重要内容，高度契合未来经济社会发展对高素质创新人才的迫切需求。

（3）为中国特色社会主义事业培养合格建设者和接班人。当前，第一个百年奋斗目标已经实现，我国正迈上全面建设社会主义现代化国家新征程，中国特色社会主义事业进入新发展阶段。未来，我国发展面临的外部环境更加复杂，各类

---

① 袁平凡：《新时代我国劳动教育价值理性和工具理性的历史思考：兼论职业教育领域劳动教育价值的实现》，《中国职业技术教育》2021年第27期，第38~44页。

② 项久雨：《需要：思想政治教育价值生成的人性基础》，《西安石油学院学报》(社会科学版) 2003年第2期，第50~53页。

③ 中共中央文献研究室：《习近平关于科技创新论述摘编》，中央文献出版社2016年版，第123页。

风险挑战更加严峻，对社会主义合格建设者和接班人的培养需求也将更加迫切。新时代高职院校劳动育人积极适应这一重大需求，强调以德为本、以才为先、以干为要，指明爱国是时代新人的精神底色、本领是时代新人的关键素质、实干是时代新人的作风品质，引导大学生投身于伟大祖国的建设实践，为实现中华民族伟大复兴的中国梦提供重要劳动价值。

2. 高职院校劳动育人的个体价值

高职院校劳动育人的个体价值主要有三个方面的体现。

（1）促进高职学生身心健康发展。劳动作为人的本质活动，具有锻炼人、教育人、塑造人的重要作用。高职学生在劳动中可以加强身体锻炼、磨炼品质意志、促进沟通协作、养成良好习惯、实现个体身心健康发展。新时代高职院校劳动育人的基本内容涵盖了关于高职学生身心发展的多方面要求，不论是在劳动中增强体质、启迪智慧，还是通过劳动培养审美、探索创新，劳动育人都是其他育人活动的重要补充，都能够为高职学生身心健康发展提供有效路径。

（2）提升高职学生综合劳动素养。劳动素养作为一个综合概念，涵盖了人的劳动认知、劳动观念、劳动态度、劳动能力等多个方面。新时代高职院校劳动育人基本内容包括劳动道德品质、知识技能、身体素质、审美情趣、创新素养等，分别指向劳动素养培育的不同方面，并强调以劳动为核心线索，有益于促进高职学生综合劳动素养的全面提升。

（3）实现高职学生全面和谐发展。高职学生劳动素养的综合提升，包括德、智、体、美、创新等多个方面，共同指向对大学生自身成长发展需求的满足和大学生全面和谐发展目标的实现。

虽然个体价值强调个性和自主选择，从表面上看似乎与社会价值注重共性和社会规范截然不同，但其实二者在本质上是统一的。一方面，高职学生的个体价值必须建立在社会化的基础上，缺乏社会化的个性只能是原始的自然性；另一方面，只有包含丰富个性的社会化，才是真正健全意义上的社会化。新时代高职院校劳动育人要引导大学生准确把握劳动的个体属性和社会属性，引导其树立从立足私域向公共福祉转向的正确劳动观，实现个人诉求和社会的协调发展，也就是既要满足个人生存发展及价值实现的个性需要，也要符合社会发展、改革进步的宏观需要。新时代中国特色社会主义仍然处于社会主义初级阶段，仍需要个体、群体主动对标社会需求、国家战略及民族需要，只有这样才能更好地凝聚新时代劳动实践奋斗的精神动力，才能够更好地实现中华儿女关于美好生活、民族复兴的伟大目标。新时代高职院校劳动育人应当在个体价值和社会价值之间把握适度平衡，协调处理好二者之间的关系。

（三）工具理性与价值理性相统一

马克斯·韦伯通过对人的行为的分析，提出了工具理性和价值理性的二元范畴。价值理性与工具理性反映了人类社会实践过程中目的与手段、终极目的与现实利益、合目的性思维与合规律性思维之间的关系。[①]工具理性与价值理性在本质上并没有优劣之分，都是特定社会条件下的一种价值选择，价值理性对应的是"信念"，工具理性对应的是"责任"，二者并非决然对立，而是同一事物属性的不同方面。

1. 高职院校劳动育人的工具理性

高职院校劳动育人的工具理性主要体现三个方面。

（1）重技术操作，轻实践理性。高职院校承担的责任是为区域经济发展培养出大批的面向社会和就业岗位的技术技能人才，在人才培养过程中反映了职业劳动效益与功能，甚至肩负着通过服务经济社会发展推动实现现代化的重要使命，具有明显的工具理性倾向。[②]长期以来，职业教育场域为了缓解社会对高职院校技术技能供给的强烈需求，工具性价值成了社会服务的主要目标，且在此过程中形成了一种积淀为一系列历史关系构成的工具主义惯习倾向。[③]这种倾向也反映到学生的劳动价值观中，影响他们的职业取向。高职学生练就的各项素质和能力，唯有运用到新时代推进经济社会发展的伟大实践中去，方能将高职院校劳动育人的成果落到实处。这种工具理性的思维方式和做法拒绝了对实践的理性思考，使劳动教育实践往往沦为盲目的、无目的指导，只为完成任务和增加表面的实践感而进行的活动，主要停留于重技术、轻理性的低层次状态，主要局限于扫地抹灰、种地浇水，或到工厂、农村参加生产劳动等活动，不仅忽视科技在劳动中的地位，还造成学生对劳动的错误认识，阻碍学生形成正确的劳动观念。教育要走向实践、基于实践并为实践服务，但这并不意味着仅仅是如何做的技术，更不是盲目地实践，而是如何理性地、更好地实践。这就需要超越工具主义实践的宰制，以培养学生的实践理性为目的来开展劳动教育。

（2）拓展文化、教育等关涉广泛利益的服务场域。通常意义上，高职院校主要通过人才培养、技术转化等方式助推经济社会发展。但随着高职院校服务范畴

① 胡美灵：《价值理性与工具理性的彰显与统一：习近平新时代中国特色社会主义法治思想的逻辑理路》，《湖南社会科学》2018年第5期，第1~9页。
② 潘海生、翁幸：《我国高等职业教育与经济社会发展的耦合关系研究：2006—2018年31个省份面板数据》，《高校教育管理》2021年第2期，第12~23页。
③ 刘晓、李甘菊：《中国式现代化进程中的高职院校社会服务：愿景、实践错位与形塑路径》，《河北师范大学学报》(教育科学版)2023年第4期，第24~31页。

的不断拓展，高职院校的服务领域已不应当再局限于经济领域，而是要逐步拓展至文化、教育等关涉广泛公民利益、社会可持续发展等的广大服务场域，实现高职学生技能提高与素养提升的协同并进。① 高职院校劳动育人必须在着力满足经济社会发展对高职学生劳动素养提出的新要求的同时，充分彰显劳动教育在高职学生德智体美劳以及创新精神和创新能力培养中的重要价值，源源不断地向社会输送符合时代发展要求的高素质劳动者，为经济转型发展和持续增长提供不竭动力。

（3）根深蒂固的职业"身份情结"。无论是中国还是西方，在传统教育中，都存在着重视脑力劳动、轻视体力劳动的倾向。孟子说"劳心者治人，劳力者治于人;治于人者食人,治人者食于人:天下之通义也"。古希腊把人分成金银铜（铁）三个等级。亚里士多德认为，闲暇教育只是针对有闲暇的自由民，奴隶无闲暇，也不需要进行教育。马克思主义认为，在资本主义社会，资本家利用资本剥削工人，积累了大量财富;工人阶级付出了大量的劳动，却无法充分占有劳动产品，始终处于被压迫状态。在这样的制度下，劳动光荣、劳动平等、劳动正义和尊重劳动等无从说起。因而在社会主义的中国，要实现劳动平等、进行劳动教育，对资本主义社会制度和劳动管理制度的反思和改进非常具有必要性。对劳动在社会制度当中的意义和价值的思考，对不平等劳动制度的改革，应该也是劳动教育不可或缺的部分。长期以来,高职院校毕业生普遍存在"高不成、低不就"的择业问题，高职院校毕业生就业依然存在着结构性矛盾，究其原因，最根本的是从社会到个人未能确立平等劳动观。因此，必须把树立职业平等和劳动平等的理念作为高职劳动教育的重要内容。

2. 高职院校劳动育人的价值理性

高职院校劳动育人的价值理性主要体现在三个方面。

（1）促进高职学生个体的全面发展。高职教育进入新时代，对劳动教育赋予了新的内涵与使命，尤其是人工智能时代，劳动教育要超越将劳动单纯视为技能训练的认识局限，自觉认识到劳动是彰显生活意义的个体实现过程，这是对"个性全面和谐发展"教育目标的实现，彰显了高职教育工具理性和价值理性的有效统一。马克思基于劳动分工理论和片面发展学说，提出了"劳动异化"的概念，揭示出职业教育若纯粹地以就业为导向、以具体的职业能力训练为目标，培养出来的学生最终只会拘囿于某一岗位中，并在劳动过程中发生异化，沦为"单向度

---

① 邓辉:《新时代高校社会服务的价值意蕴与实践路径》,《国家教育行政学院学报》2022年第6期，第3~9页。

的人"①，最终不适应新时代社会与劳动岗位需求。因此，高职院校劳动教育作为一种教育内容、一种人才培养手段，不仅要关注劳动效益与功能，还要关注日常生活劳动、社会服务与公益性劳动以及职业劳动的教育性，进而体现出德智体美劳协调发展的价值理性。

（2）基于产教融合提升学生劳动素养。2019年，国家发展改革委、教育部印发《建设产教融合型企业实施办法（试行）》，将建设产教融合型企业纳入深化产教融合改革的整体制度安排，在国家产教融合建设试点中统筹推进。《中华人民共和国职业教育法》明确提出"对深度参与产教融合、校企合作，在提升技术技能人才培养质量、促进就业中发挥重要主体作用的企业，按照规定给予奖励；对符合条件认定为产教融合型企业的，按照规定给予金融、财政、土地等支持，落实教育费附加、地方教育附加减免及其他税费优惠"，以法律的形式对产教融合、校企合作的办学模式加以明确。"工欲善其事，必先利其器"，基于真实企业劳动实践情境就是劳动教育培养最重要的"器"，其关键是科学地设计合理的育人体系和育人内容，对高素质劳动者的培养更符合企业劳动岗位要求，形成"体知"与"认知"劳动教育形式。基于真实企业情境的劳动实践任务完成的过程就是学生形成劳动意义感知、劳动价值情感观、劳动知识、劳动能力、劳动关系等素养的必备过程。

（3）深化高职学生对劳动的全面认识。一个具有真正自由人格的人，能以价值理性为动力，以工具理性为行动准则，将信念伦理与责任伦理互补交融地结合起来。对于高职学生来说，实事求是地认识到劳动对于自身的功利性和实用性并不是可耻的，就像受访的高职学生首先将"报酬"视为就业的首选考虑因素，恰恰说明在当前的发展阶段中，劳动还具有很大程度的谋生性特质。承认这一前提，有利于高职学生认清现状，即马克思所讲的增强对必然性的把握，激励他们自立自强，成就出彩人生，有效改造世界。同时，高职学生不能"一叶障目，不见森林"，只看到劳动的工具性价值。高职学生还要意识到劳动在未来的可能性、超越性和创造性。《庄子·天地》提到"技兼于事，事兼于义，义兼于德，德兼于道，道兼于天"，取象比类、由技悟道，古人这种对于技术的理解，恰恰印证了劳动技能不只是简单地指向生产，而是形而上地与自然、伦理、道德、法律、习俗、审美、宗教等有着密切的渊源。苏霍姆林斯基认为，对学生而言，社会劳动的价值并非限于对实体物质的改造和创造，也非积累大量的物质财富，而是他们对劳动价值的认知和自我确证，能够从主观能动性上理解劳动的意义，提升自

---

① 李伟：《工具理性与价值理性的统一：职业教育二元困境分析及破解》，《教育与职业》2019年第18期，第5~10页。

己的劳动精神并能体会到劳动创造带来的精神满足感和获得感。[①] 由技悟道、潜移默化，才能摆脱"劳心者治人、劳力者治于人"等鄙薄劳动技术传统文化思想影响，获得创造幸福生活的素养和能力，让自己作为一名产业工人、普通劳动者工作得幸福、快乐，生活得有尊严，通向自己所向往的"自由型"职业。这表明高职院校劳动育人要以技术技能为底色，同时兼顾技能习得与素养提升的协同并进。

价值理性指向的是一个意义的世界，以避免人的活动成为纯粹的技术操作和单纯的"操劳"。工具理性是价值理性的现实支撑，体现了思维主体对客体的认知与驾驭，缺乏工具理性支持的价值理性将因欠缺现实基础而无法落实。价值理性与工具理性必须在行动中的反思中，通过身心的同时"在场"，而非在"坐而论道"或"无思考的操练"中实现。高职院校劳动育人应该突出强调探究的价值，让学生尽量收集和考虑各种可能影响事物进展或决策的因素，并通过科学、规范的程序解决问题，在知行合一的过程中实现学生实践理性的提升。

---

① 苏霍姆林斯基：《帕夫雷什中学》，赵玮等译，教育科学出版社1983年版，第362页。

| 第四章 |
高职院校全课程劳动育人的现实张力

唯物辩证法认为，矛盾是推动事物发展的动因。高职院校全课程劳动育人的实施过程是诸多要素和内外因素相互交织、相互作用的复杂过程，这个过程充满着各种各样的矛盾。在整个矛盾体系中，贯穿高职院校全课程劳动育人始终、规定其本质的基本矛盾，可以简要表述为一定社会发展和人的全面发展对高职院校大学生综合劳动素养的要求与高职院校大学生综合劳动素养水平之间的矛盾。这一基本矛盾是新时代高职院校劳动育人活动得以存续和发展的内在根据，同时也规定和制约着高职院校劳动育人实施过程中的其他具体矛盾。正是对这些具体矛盾的不断解决，为高职院校劳动育人的有序实施和持续发展提供源源不竭的动力。

一、全课程劳动育人目标与社会环境失调

社会环境是指学校劳动育人过程所处的包括客观的社会存在和现实的社会意识在内的社会有机体。[①] 社会有机体是一个包含诸多要素、若干层次和子系统的超巨系统[②]，其总体结构主要由经济、政治、文化三个方面构成。按照历史发展的逻辑来看，任何社会有机体的结构都具有复合型特征，其中既包括现实存在的经济、政治、文化因素，也包括代表未来发展趋势的新的经济、政治、文化因素，还包括那些与历史发展趋势相背离的，由历史遗留下来的旧的经济、政治、文化因素。全课程劳动育人是学校层面对党和政府所提出的关于提升大学生劳动素养和综合素质要求的具体落实，既源于现实社会的发展状况，又必须适应未来社会的发展要求，具有一定的超前性。因此，高职院校全课程劳动育人的目标要求与外部社会环境之间既存在一致性的方面，又存在一些差距或矛盾的方面。这些矛盾具体表现为以下三个方面。

---

① 骆郁廷：《思想政治教育原理与方法》，高等教育出版社2010年版，第110页。
② 孟庆仁：《论社会有机体及其本质特征》，《齐鲁学刊》2003年第2期，第69~72页。

（一）价值观念、行为趋向不一致

劳动育人的目标要求所代表的是适应未来社会发展趋势的尚处于应然状态的教育要求，必然与现实社会中处于实然状态的价值观念、行为趋向存在一些不适应或者相互冲突的地方。例如，高职院校劳动育人旨在教育引导大学生尊重劳动、崇尚劳动、热爱劳动。但在社会现实中，却出现"反劳动"的文化症候，不再把劳动视为美好生活的途径，也不把劳动视为确立人的自由自觉本质的创造性活动。这其中蕴含着深刻的社会因素，也隐含着劳动正义的深层诉求。[1] 当大学生看到自己在学校所接受的劳动教育内容与社会现实表现不一致时，这种矛盾和冲突就会对学生的劳动价值观产生混淆和动摇，甚至消解劳动育人的效果。

当前我国的舆论场域中，能频频看见"打工人""内卷""躺平"等网络用语。这些网络用语作为社会意识的表征，尽管充满了戏谑自嘲的态度，然而在某种程度上又折射出严肃而又深刻的社会现实。当前我国在分配领域出现了纯粹依靠资产性收入的财富所有者与主要依靠劳动收入的雇佣劳动者之间的社会分化，这是"打工人"话语产生的根源。[2] 从需求端看，劳动者的劳动收入无法跑赢消费欲望的满足；从供给端看，劳动者的收入也无法跑赢财富收入的增长。这样一来，职业优越感和劳动满足感就在社会现实中被大大降低。

如果说"打工人"话语所反映的社会情绪是人们不再把劳动视为通往美好生活的途径，那么"内卷"话语所反映的社会情绪则是人们不再把劳动视为有意义的活动。在马克思的哲学中，劳动被视为人的本质力量的对象化过程，也是人对自身本质力量的确证过程。对象化意义上的劳动是实现和确证人的内在力量和主体性的活动，因而也是有意义的活动。然而，在所谓"内卷"的过程中，劳动的意义失落了。尽管从表面上看人们进行着劳动行为，然而这种劳动仅仅是简单重复的机械活动，抑或是盲从他人的跟随行为，既没有使劳动者自身获得实质性提升，也没有使劳动者与其他劳动者区别开来，因此，劳动不再是表现自我物质的生命行为，而是沦为无意义的机械劳动。没有人会主动选择"内卷"，而是被迫"内卷"，其根源在于上升通道的狭隘，既表现为就业竞争的加剧，也表现为劳动内容的趋同，最终表现为无意义的"内卷"过程。

面对层出不穷的"内卷"现象，许多"打工人"选择了"躺平"姿态。"躺平"话语滥觞的根源在于对"高度内卷"的抽离、对"心灵鸡汤"的抵制和对"躺赢现象"的抗议。部分人的"躺平"话语是以消极的形式表达积极的内容，具有一定的积

---

① 陈培永：《新时代劳动理论十六讲》，北京大学出版社 2023 年版，第 184 页。

② 陈培永：《新时代劳动理论十六讲》，北京大学出版社 2023 年版，第 187~188 页。

极意义。有学者指出:"这样的'躺平'并不意味着放弃和逃避,也不是得过且过的佛系态度,而是减缓速度,抵御内卷和深度异化,重新思考自我与社会的关系,努力将扭曲的关系再扭转回来的一种新尝试。"①尽管其中具有某种积极意义,但它仍然是一种抵抗情绪的表达,仍需走向具有建设性的实践。

因此,高职院校全课程劳动育人需要在面对社会现实的基础上,辩证分析当前社会中"打工人""内卷""躺平"等"反劳动"现象产生的根源及其最终走向。帮助大学生理解资本主义和社会主义制度下劳动的社会属性的不同,进而能够在比较中获得对社会主义优越性的理性认同。这一任务应该主要通过劳动教育必修课程和思政课程来完成,突出课程内容的思想性,引导学生思考劳动当中可能存在的各种伦理张力,这也是大学劳动教育与中小学劳动教育的重要区别之一。朱熹认为"小学者,学其事;大学者,学其小学所学之事所以"。也就是说,中小学生更多的是学习各种劳动如何做,大学生重在深刻把握劳动如此这般做背后的道理。因此,劳动教育必修课程和思政课程要注重对社会现实的理性反思,而不是刻意回避,只有在对社会现实深刻解读的基础上建立起的劳动价值观才有可能是全面的、稳固的。针对以上提出的三种"反劳动"现象,其深层根源有别于资本主义社会无法解决的体制性矛盾,而是社会主义发展过程中的阶段性矛盾,需要并且能够通过高质量发展加以解决,其出路并不在于"躺平",而是要在社会主义制度下接续奋斗。习近平总书记指出:"要防止社会阶层固化,畅通向上流动通道,给更多人创造致富机会,形成人人参与的发展环境,避免'内卷'和'躺平'。"②防止社会阶层固化,畅通向上流动通道,给更多人创造致富机会,不仅要靠新发展理念和高质量发展,要靠社会主义制度优势和共同富裕,更要靠当代中国青年追求美好生活和民族复兴的不懈努力,即成为社会主义的合格劳动者。

(二)育人途径、影响因素不同步

学校劳动育人通过有组织、有计划的劳动教育活动实现育人目标,但大学生劳动素养的形成和发展还受到来自家庭、社会、信息媒介等多方面因素的影响。多种途径之间不同步、不协调的现象较为普遍,导致正负影响相互交织、博弈,影响劳动育人效果。

以埃米尔·涂尔干为代表的社会分工论者秉承社会分工利益最大化的前提,认为教育是可以被肢解的社会实践,如同工厂车间流程一样,家庭、学校和社区

① 马中红:《"躺平":抵御深度异化的另类姿势》,《探索与争鸣》2021年第12期,第54~62页。
② 习近平:《习近平谈治国理政:第四卷》,外文出版社2022年版,第142页。

（简称"家校社"）可以独立承担属于其使命的职责。[1] 在社会分工思想的导向下，劳动教育呈现出家校社分离式的典型特征，如图4-1所示。从人类社会历史发展过程看，家校社分工育人有其独特而不可替代的价值。[2] 家庭劳动教育的生活化、学校劳动教育的专业化、社会劳动教育的职业化在劳动教育的开展过程中均发挥着独特的价值。甚至在今天，家校社"三教合力"的现状依然尚未在本质意义上超越工业时代的教育[3]，分离与割裂仍旧成为家校社开展劳动教育的常态，自然而然带来劳动教育目标的纷杂和错乱、劳动教育过程的断裂和自为、劳动教育结果的混沌和冲突等异化样态。

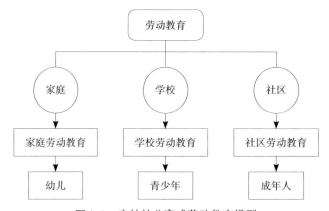

图4-1　家校社分离式劳动教育模型

如家庭基于对学生学科分数和劳动教育关系的考量，往往认为劳动教育挤占学科知识学习时间，因而干扰劳动教育在家庭中的具体落实。学校或基于升学竞争、安全隐患、上级检查等的考虑，仅仅将劳动教育悬挂于"虚拟课表"当中；或基于对学生全面发展的认识，将劳动教育的"虚拟课表"转化为"现实课堂"。社区或社会一般基于劳动教育资源和社会运行机制的关系，从社会经济生产的角度借"教育之名"行"劳动之事"，使劳动教育成为"无教育"的"纯粹劳动"。

虽然家校社对于劳动教育均具有独特属性，但家校社分离难以承担起劳动教育的全时空育人诉求，更无法适应劳动教育对综合聚通、交互作用的追求。因此，由分离走向交叠是当下家校社协同推进劳动教育的关系表达，它不仅有助于满足

---

[1] 埃米尔·涂尔干：《社会分工论》，渠东译，生活·读书·新知三联书店2000年版。
[2] 白然、张伟远、管艳等：《后疫情时代家校协同的变革路径探析：基于"停课不停学"期间1440个家庭的问卷调查》，《中国电化教育》2021年第3期，第30~37页。
[3] 吴遵民：《"五育"并举背景下劳动教育新视野：基于"三教融合"的视角》，《现代远距离教育》2020年第2期，第3~9页。

家校社协同推进劳动教育的外在要求，而且契合了家校社协同推进劳动教育的内在呼唤。这也正如苏霍姆林斯基对教育融通的倡言，倘若只有学校而没有家庭，或者只有家庭而没有学校，均无法单独承担起塑造人的复杂任务。

《指导纲要》明确了劳动教育实施主体之间的关系，即以学校为主导、以家庭为基础、以社区和社会为依托或支持的协同实施机制，并形成家校社共同孕育劳动教育的合力，这为当前劳动教育的实施主体及其之间的关系提出了制度性的要求。与杜威在芝加哥实验学校强调的劳动教育课程一样，只有实现家庭、学校与社会的互动才有可能挖掘课程作为劳动教育的价值。

这种家校社协同推进劳动教育的逻辑必然要求配备系统性的劳动教育课程、专业化的劳动教育师资队伍、丰富化的劳动教育实践等作为保障。高职院校全课程劳动育人中涉及的日常生活劳动实践、生产性劳动实践和服务性劳动实践均需要家庭和社会（企业、社区）的广泛参与，才能构建出真实的劳动场景。笔者关于全课程劳动育人的实证调研发现，影响学生劳动价值观形成的主要因素是父母的言传身教，这充分说明家庭在劳动教育中不可或缺的作用。进一步推导，我们会发现学生父母的劳动价值观的形成源于其成长环境和社会生活，因此家庭和社会是不可能独立于学校劳动教育的重要场域。全课程劳动育人是高职院校探索中国特色社会主义劳动教育体系的有益尝试，有助于劳动教育走出学校、走进家庭、走向社会，并在循序渐进的推进过程中充实和发展教育者和受教育者的生命历程（图4-2）。[①]

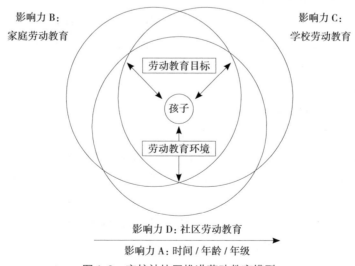

图4-2　家校社协同推进劳动教育模型

---

① 程豪、李家成:《家校社协同推进劳动教育:交叠影响域的立场》,《中国电化教育》2021年第10期,第33~42页。

（三）评价导向、配套措施不健全

当前劳动育人引起了全社会的高度关注，相关部门也出台了一系列加强和改进劳动教育的指导性意见，但在具体落实层面，劳动教育在师生、家长、社会中的认可度依旧偏低，少有人认识到其巨大的价值和意义，在轰轰烈烈开展劳动教育活动的背后，与之相关的评价导向和配套措施仍不健全，轻视劳动、逃避劳动的不良风气还未得到真正扭转，导致劳动育人实效难以凸显。

推动劳动育人持续健康发展，评价是不可忽视的关键环节，它是反思和改进劳动教育行为的有效途径，是事关劳动育人发展方向的重要因素。高职院校因其技能型、应用型人才的培养目标，在平时的教学工作中往往会通过职业化的劳动教育课程和实践培养学生的职业技能和职业素养，具有劳动教育的部分功能，对上述课程的考评工作使职业院校在开展劳动教育评价方面有了一些探索。但总体来看，上述探索虽为高职院校劳动育人评价提供了一定的基础，却没有脱离高职院校"专业课"的范围。当前，我国高职院校在劳动育人评价方面仍缺少系统深入的研究，学术界对劳动育人评价的研究也大多是从宏观上提出了一般性的指导原则，且研究对象多指向中小学校和其他学校。可见，我国高职院校劳动育人评价还存在很多不足之处，既缺少劳动育人评价理论支撑，也尚未构建出科学高效的评价体系，为全课程劳动育人的实施带来不少挑战。

由于新时代我国劳动形式变得更加多样、复杂和隐蔽，劳动育人内涵也得到了极大扩展，国家和社会对高职院校劳动育人的要求与期望也在不断提高，而劳动教育评价工作的发展具有一定的滞后性，因此，高职院校劳动育人评价体系制定及实施的不足之处也愈加凸显。这种不足主要表现为：评价主体单一、评价方法简单、评价内容片面、评价功能弱化。

1.评价主体单一

高职院校劳动育人评价是一项系统性工程，事关政府、学校、教师、学生、行业、企业等众多主体的诉求，各主体要密切协作、整体推进。但是，由于职业教育特殊的育人目标和办学定位，容易使各评价主体误认为高职院校的专业课就是学习劳动技术，也存在劳动技能评价体系，没有必要再进行专项的劳动育人评价。这种错误的认知既混淆了职业教育和劳动教育的范围，也消解了各主体参与高职院校劳动育人评价的积极性和参与度，造成了目前高职院校劳动育人评价主体单一、部分主体缺位的现象，对劳动育人评价的实施造成了一定困境。在具体评价实施过程中，通常仅由学校、劳动教育课程任课教师和辅导员作为评价的主导者，而作为劳动育人主体的学生常出现"缺位"现象，既欠缺参与评价的机会，也缺少参与评价的主观意愿。政府、行业、企业等是劳动育人的重要倡导者和用人单位，对劳动育人评价本应有重要发言权，但实际中却很少有效参与评价行为。这种主体单一的评价方式主观偏向很强，无法兼顾各方诉求，不利于保障整个评价的全面、公正及客观性。长此以往，会逐渐导致劳动育人目标偏离，不利于劳动育人的全面落实。

2. 评价方法简单

完善的评价体系必须具备科学的评价方法。目前，我国各类高校都在积极探索劳动育人及评价体系，但与其他高校不同，高职院校的课程体系和教育体系本来就是以培养学生的应用能力为核心，其评价体系也比其他高校更加侧重于实践性和技能性，这使高职院校积累了一些劳动育人评价的经验，但也导致高职院校开展劳动育人评价时囿于传统的考试和能力测评的方法。一方面，这种考评"分数"是偏量化的评价方法，能简单地量化评价学生的劳动知识和劳动技能水平，却难以对劳动育人的实施环境、方案及其发展趋势作质化评价，也无法全面评价劳动观念、劳动精神等方面的劳动素养。另一方面，"分数"和"加分"的评价方法具有重结果、轻过程的倾向。劳动育人是一个持续的动态实践过程，师生等劳动教育具体参与者在这一实践中会不断产生新的认知和问题，这种新认知和问题往往具有较强的内隐性，不易被教师和学生察觉。

3. 评价内容片面

《意见》指出，学校劳动教育的主要内容包括日常生活劳动、生产劳动和服务性劳动中的知识、技能和价值观。劳动教育内容的全面性要求劳动育人评价内容也应具备全方位、多层次的特点，但受限于高职院校劳动育人的条件和环境，这些要求都难以满足。与其他高校相比，更短的学制、更紧凑的课程体系制约了高职院校对劳动评价内容的全面选取。另外，高职院校的专业课程教育也具备部分劳动教育的功能，使专业课程和劳动育人之间评价内容的界限更加模糊，一定程度上增加了劳动育人评价内容全面化的难度。由此，也导致当前高职院校劳动育人评价存在内容片面的问题，在开展劳动育人评价时多偏重评价学生的劳动知识和技能，而忽视对劳动理念的培养和劳动精神的塑造；侧重对简单的重复性生产性劳动的评价，而缺少对日常生活劳动及创造性劳动的评价设定；注重对校内集体劳动和劳动实践课程的评价，而忽略对服务性、社会性、公益性劳动的评价。可见，评价内容的片面化，不利于多方参与、协调高效地开展劳动育人评价，易导致高职院校劳动育人与劳动脱节。而重结果轻过程的评价方法难以对其开展有效评价和反馈，不利于教师和学生及时应对和改进新问题。

4. 评价功能弱化

《指导纲要》强调，要积极发挥劳动教育评价的育人导向和反馈改进功能。这两大功能是劳动教育评价工作不断自我整改及发展进步的助推器，是表现劳动教育价值的重要途径。而高职院校以培养面向一线的高素质技能、技术型人才为目标,这导致其在制定人才培养方案时往往侧重于依据社会需求和岗位要求,在劳动教育中也不可避免地会表现出功利主义的思想,易造成高职院校劳动教育评价育人导向和反馈改进功能弱化的问题。一方面,很多高职院校认为已经开展了职业教育课程,没有必要再开设专门的劳动教育及评价,其开展劳动教育评价更多是为了迎接上级主管部门的检查、评估,评价结果在检查过后往往被束之高阁,劳动教育各主体难以从评价结果中得到有效反馈,育人导向和反馈改进这两大功能也就无从发挥。另一方面,高职院校劳动评价的结果往往只起到了选拔、甄别的作用,通常被当成评优评先、修学分、找工作的"敲门砖",或被当成一种"资历"写入简历中。在这样的功能导向下,劳动教育评价结果便成了一种追求短期效果的功利主义工具。这种弱化劳动教育评价的育人和反馈功能的做法,偏离了劳动育人的目标要求,容易使劳动育人流于形式。

综上,外部社会环境与高职院校全课程劳动育人目标要求之间的矛盾是客观存在的,并且将长期存在。要解决好这一矛盾,一方面需要学校、家庭、社会各方共同努力,探索构建多方协同的劳动育人实施网络,不断健全完善各个层级的劳动教育评价体系和配套机制,发挥好现代信息媒介的作用,共同为高职院校全课程劳动育人营造良好的环境。另一方面,要求高职院校全课程劳动育人在设置目标要求时应牢牢立足现实社会环境和大学生劳动素养的现实状况,同时努力适应未来社会劳动形态发展变化的总体趋势,既积极对标未来社会主义合格劳动者的综合素质要求,又与大学生现实劳动素养状况之间保持合理的张力。正是矛盾双方的相互作用和相互影响,推动着两者不断发展并向自己的对立面转化,从而实现在持续优化改善劳动育人外部环境的同时,不断提升劳动育人目标要求的科学性与合理性。

二、全课程劳动育人师资与岗位要求偏斜

全课程劳动育人目标的实现,必然需要与之相适应的师资队伍。《意见》指出,需"建立专兼职相结合的劳动教育师资队伍"。《指导纲要》指出,"建立劳动课教师特聘制度,为学校聘请具有实践经验的社会专业技术人员、劳动模范等担任兼职教师创造条件"。按照《意见》和《指导纲要》的精神,大中小学需有专门从事劳动教育的教师,并聘请相关行业专业人士担任劳动实践指导教师,建设一支力量齐备的专兼职劳动教育师资队伍。

劳动教育专任教师是劳动育人的主导力量和中坚力量,至少需要具备如下素质:一是专业基础扎实。深刻理解马克思主义劳动观,具备一定的劳动法律、劳动关系、劳动与伦理、劳动与管理、劳动与经济、劳动与安全等必要的劳动科学

知识，能够因人因事、灵活多样、深入浅出地对学生进行正确的劳动观教育，让学生真正懂得劳动创造价值、关乎幸福人生的道理，由衷认同并树立"劳动最光荣、劳动最崇高、劳动最伟大、劳动最美丽"的观念。二是教育素养深厚。熟悉育人规律，懂得劳动教育的育人价值，能够把握育人导向、遵循教育规律，具备进行五育融合的劳动教育项目设计与评价的专业化教育能力。三是创新能力突出。具备一定的通用劳动技术教育能力，知悉新时代劳动形态发展的新趋势，能够根据时代特征设计劳动教育内容、改进劳动教育方式、组织劳动教育实践活动，并具有劳动教育安全风险防范的专业意识和能力。分学段来看，大中小学劳动教育的侧重点不同，劳动教育专任教师的工作重点也各有差异。大学劳动教育专任教师需要讲授各个学科关于劳动的理论通识，组织劳动教育周或劳动教育月活动，组织学生参加各类服务性劳动和公益劳动，参加与专业相关的实习实训活动和创新创业活动。

劳动教育兼任教师是劳动教育的补充力量和支撑力量。兼任教师既可来自校内的班主任、辅导员和其他课程教师，也可来自校外的实践教师、劳模或"大国工匠"。班主任、辅导员在学生的思想政治教育中融入劳动教育，培养学生的劳动价值观、劳动幸福观。其他任课教师在讲授的课程中融入劳动教育元素，使学生从多个学科、多个角度、多个层面认识劳动，形成对劳动的立体认识，树立辛勤劳动、诚实劳动、合法劳动的意识，规范、高效并创造性地劳动。校外实践教师一般为企业的技术骨干或高管，受邀到学校举办劳动讲座，或在校内外实践场所指导学生劳动实践，在实践中传授劳动技能。劳模或"大国工匠"定期到学校举办讲座，与学生面对面交流，讲述行业发展历程和劳动者故事，使学生近距离感受劳动精神和工匠精神。各学校需建立校外教师库，定期更新，动态调整。校外教师的所属行业与学校专业门类相匹配，因地因校而异。

高职院校全课程劳动育人的目标要求主要通过教师以课程劳动教育的方式传达给学生。因此，教师自身对劳动和劳动教育的意义、价值的理解认同，以及对劳动教育目标、内容、方法、载体等方面的科学把握，是其能够胜任高校劳动育人岗位的前提条件，也是发挥全课程劳动育人功能的重要保障。从理论上看，被纳入劳动育人实施过程中的教师，其自身必须首先理解和接受社会发展和人的发展对大学生劳动素养和综合素质提出的必然性要求，并具备通过开展劳动教育以满足适应这些要求的素质和能力。但现实中仍存在与其要求不匹配的地方。

（一）劳动教育师资供给不足

加强劳动教育师资队伍建设是高职院校落实新时代劳动教育的内在需求，而当前高职院校全员参与劳动教育的氛围还未形成，劳动教育必修课程的教学实施主要依靠教务部门、学生管理部门组织思政课教师或辅导员进行授课，同时安排少量行政管理人员参与学生劳动实践周的管理。高职院校缺少专职的高水平的劳动教育教师的情况普遍存在，仅在教师数量上就存在着较大的缺口。在高职院校，劳动教育的一个重要环节是顶岗实习，通常由院系负责人或实习实训负责人联系校企合作单位，顶岗实习的指导老师通常由任课老师、班主任或辅导员兼任，以上教师通常同时负责学生的就业工作，因此体现为一个院系的教师同时从事多项工作，没有专门的劳动教育教师。目前的劳动教育工作主要由其他岗位的教师分散承担，由于各教师均有其他方面的工作，劳动教育只是其兼任的事务，劳动教育的事务没有从既有的教育工作中分离出来进行专门推进。根据2019年年底全国普通高校在校生数，按1∶1 000的最低师生比标准配备劳动教育专任教师测算，我国高校至少需劳动教育专任教师3.03万人。① 教育部公布的2021年度普通高等学校本科专业备案和审批结果中，增设了劳动教育本科专业，自2022年开始招生，正式毕业要再过四年，并且每一年的招生人数都是按照计划执行，循序渐进培养专业人才。如中国劳动关系学院2023年在全国招收的劳动教育专业本科生总数只有40人，专任师资队伍培养任重而道远。同时，本科毕业生一定程度上可以缓解中小学劳动教育专任师资紧张问题，但是进入高校工作则还需要攻读硕士研究生，高校专任劳动教育师资紧张问题则会持续更长的时间。一定时期内教师数量缺口成为劳动教育持续推进的重要瓶颈，这个缺口不尽快弥补，劳动教育的具体工作将无法全面深入地开展，挤占现有师资资源也将影响既有的各项教育工作。

（二）劳动教育师资素养缺失

在当前劳动教育必修课程全覆盖开设的情况下，劳动教育必修课程的教师主导地位充分彰显。这一主导作用的有效发挥需要具备一定的前提条件。一方面，从事高职院校劳动教育的教师本人应当对劳动的作用和意义有深切体会，并具备一定的劳动经历和经验。这种经历和经验可以来自日常生活、教学科研，或是教师个人成长过程中经历的其他劳动活动。教师本人具备良好的劳动素养，是其组织开展劳动教育的先决条件。然而在现实中，多数高职院校尚未配备劳动教育专职师资，在引进年轻师资时，重点考虑的往往是学历和科研水平，对其劳动素养未作具体要求，以至于部分青年教师自身的劳动素养尚有缺失，对人类社会发展的基本规律和总体趋势缺乏深刻认知，难以准确把握新时代中国特色社会主义事业发展的总体脉络，不能深刻理解劳动和劳动教育的重要意义和价值，只是"完

---

① 党印、曲霞：《劳动教育专任教师：职责、供求与培养路径》，《劳动教育评论》2021年第2期，第54~67页。

成任务"地上课，缺乏教学热情和动力，导致教师在劳动教育过程中向大学生传递的只是一些自己都知之不深、一知半解的内容，从而影响育人效果。

此外，高职院校部分专业课教师对劳动教育的认识还存在一定偏差，往往把劳动教育窄化为让学生习得劳动技能，认为专业教育实施的过程就是在给学生传授劳动知识和劳动技能、培养学生的劳动能力，由此把专业教育简单等同于劳动教育，从而弱化了对学生劳动价值观、劳动态度、劳动习惯和劳动思维的培育，忽视了劳动教育还包含着要学生掌握经过抽象的、带有总括性的劳动科学知识，进而影响了劳动教育育人功能的实现。在引入社会力量参与学校劳动教育方面，虽然引入了一些产业教授、技能大师，但他们更多关注于科研和社会服务层面，未真正发挥他们在劳动育人中的优势和作用。

在劳动教育实践中，教师建立反思性劳动角色位置关系的意识薄弱。如，在劳动教育的场域中，教师的实践目的如果是为了劳动（工作）而进行劳动教育，抑或是为了劳动教育本身而劳动，教师以一种劳动命令发布者、命令执行者的角色呈现的时候，象征着权力与支配，实际上就已经忽视了劳动教育的实践意义。在这种场域中，学生受教师行为的影响，劳动变成了"劳作"，"劳作"逐渐异化成了劳心与劳力，更像是一种悲惨的"劳役"。劳动教育场域不同于其他教育场域，在劳动教育场域中，教师的角色应是处于一种与学生融合式的、合作式的位置关系，这不等同于简单的以身作则，而是以劳动互动生成劳动教育的实践逻辑。

（三）劳动教育师资发展不畅

在全党全社会日益关注和支持劳动教育的当下，高职院校虽然重视劳动教育，但在建立健全适应新时代劳动教育需要的教师队伍建设激励机制方面相对滞后，还未有具体的、实质性的举措，这也成为限制高职院校劳动教育高质量发展、导致劳动教育目标任务未落到实处的重要因素之一。在过去较长一段时间内，劳动教育在职业教育中被弱化、淡化，高职院校现行的管理制度中缺乏有关开展劳动教育的激励性、倾向性政策，导致大部分教师开展劳动教育的主动性、积极性不高，想要成为专职的劳动教育教师的意愿不强。同时，当前专职的劳动教育师资数量偏少，整体的教科研能力偏弱，学校层面也缺少针对劳动教育教师职业发展、教科研团队建设等方面的政策支持，使得劳动教育教师在整体教师队伍中处于弱势地位，职业归属感不强。

当前，高职院校不断加大对教师的培训力度，但由于一些主客观原因的存在，学校在制订师资培训计划时，针对劳动教育层面还缺少系统性、完整性的全员培训或专项培训计划。从客观上来看，《意见》《指导纲要》等有关劳动教育的纲领性文件对加强劳动教育师资培训只是作了宏观上的要求，各省市教育主管部门或人社部门尚未出台具体的培训实施细则或者下达明确的指标性培训任务，一定程度上造成高职院校在劳动教育师资培训方面大多仅停留在口头上，而未落实到实际工作中。从主观上来看，目前高职院校关于如何有效开展劳动教育的理论研究更多集中于劳动教育的内涵、劳动教育的实施策略等方面，而关于劳动教育师资队伍建设、教师在劳动教育中的作用发挥等方面的专门研究还相对较少，使得高职院校在如何将劳动教育培训纳入整体师资培训体系、如何有效开展劳动教育教师专项培训等方面缺少理论依据和可循经验。

《意见》指出要"将劳动素养纳入学生综合素质评价体系"，对于教师而言，相应地也要将开展劳动教育的质量和成效纳入教师的考核评价体系之中。在高职院校现行的考核体系中，教师工作考核一般包括"德、能、勤、绩、廉"等方面，在具体的考核指标中尚未明确把教师开展劳动教育作为刚性要求，导致教师对教书育人过程要蕴含劳动属性的要求缺乏认同感。同时，劳动教育是内涵式教育，尤其强调引导学生树立正确的劳动观，培养学生的劳动精神、工匠精神。鉴于此特殊性，教师对学生实施劳动教育的行为和质量在短期内很难进行量化考核，由此导致高职院校对教师开展劳动教育的工作量、工作内容、工作职责等还未形成科学系统的考核标准和长效机制，客观上也造成部分教师对要将劳动教育纳入人才培养全过程的要求认识不够充分，对开展劳动教育的质量和成效不够重视，不利于劳动教育的深入推进和高质量发展。

以上各种问题表明，要确保新时代高职院校全课程劳动育人的有效实施，首先需要能够保证劳动育人目标有效实施的专兼职师资队伍，特别是要将全课程劳动育人的要求内化于心，进而能够外化于行，在劳动教育中持续向大学生施加正面的影响。可见，师资队伍自身具有良好的劳动素养和专业能力，是其教育引导大学生提升劳动素养和综合素质的重要前提，而教师队伍的素质能力与劳动教育岗位需求之间矛盾的解决，一方面有赖于学校层面乃至全社会大力加强劳动教育师资队伍建设，通过组织专业化培养、系统化培训和劳动实践锻炼，切实提升教师队伍自身的劳动素养和开展劳动教育活动的专业能力；另一方面，高校应建立健全与劳动育人配套的奖惩激励机制，积极选树并深入宣传从教师群体中涌现出的劳动模范，让崇尚劳动、勤于劳动、热爱劳动教育事业的教师通过从事劳动教育获得实实在在的好处，使劳动光荣、劳动幸福成为教师群体的主流价值观念，不断激发教师群体投身劳动、开展劳动育人的内生动力。

三、全课程劳动育人内容与学生需求错位

在高职院校全课程劳动育人视域下，学生成长需求主要体现为个体对自身劳动素养提升的需求。这一需求的产生，一方面来自新时代我国经济社会运行中各

行各业对劳动者素质要求越来越高所带来的现实压力，另一方面来自大学生自身年龄的增长、阅历的丰富、心性的锤炼、本领的提升所带来的对个人未来成长发展的更高期待和追求。大学生劳动素养的提升需求，要求高校劳动教育充分发挥其育人功能。教师对大学生进行劳动教育，必须选择正确的路径，创设必要的条件，这是保障劳动育人活动有效实施的前提。唯有当路径选择正确、条件保障充分，以及其他相关要素配置到位时，劳动育人才能得以有序开展，其育人目标才能充分实现。但现实中，高职学生劳动素养的提升需求与满足需求的路径、条件之间难以完全协调一致，甚至时常存在矛盾。

（一）理论灌输与亲历现场难以深入

劳动是具身的，即劳动是与人的身体紧密关联的，劳动是一种人与外在事物的交互式实践。根据具身认知理论，让大学生亲身参与劳动、接受劳动锻炼，是新时代高校劳动育人的根本方法和途径。当然，大学生亲身参与劳动，并不是简单的随机行为，而是应当依托劳动课程规范有序地开展。[①] 在此基础上，有学者进一步提出感性的劳动现场和劳动体验可以促进现代劳动关系的治理和研究，劳动现场意味着劳动者与观察者在同一时空中，是观察者与劳动环境、观察对象的交融，其目的是通过观察、询问、调研来发现和解决劳动问题，必须是非公开和非宣传性活动，否则容易蜕变为宣传性的作秀、表演。[②] 前者为高校劳动育人提出了发展方向，后者为大学生亲身参加劳动提出了注意事项。

通常认为高校劳动育人重理论灌输、轻劳动实践，但对于高职院校来说，却又有所不同。劳动教育必修课程理论课时至少16学时，大学三年超过一半的课程为实践课时，可以亲历生产实践。对于高职学生来说，无论是劳动教育理论还是劳动实践，都有得天独厚的条件和优势。问题在于，高职院校劳动育人的理论灌输和亲历劳动的深入程度都有所不足，导致理论难以解释现实问题，实践囿于专业技能提升。

1. 理论灌输中的偏向与警惕

在理论灌输过程中，我们对于马克思主义唯物史观的一般把握是将现代劳动问题和矛盾冲突的主体限定在劳动与资本的二元对抗的框架结构之中。然而，在对西方世界以外如东方社会的历史发展和社会结构进行解释时，我们容易把马克思主义的经典理论教条化地运用于其中。在这种理论指导下，我们把人类历史的发展简单地理解为近似线性的演变过程。而每一个国家都会因为自己独特的历史

① 张畅：《高校劳动育人研究：基于新时代的视角》，社会科学文献出版社2023年版，第225页。
② 何云峰：《劳动哲学研究：第八辑》，上海教育出版社2023年版，第2~3页。

文化传统而形成与其他国家或民族不同的，甚至完全异质的劳动关系。马克思本人也反对套用西方国家的历史经验分析东方民族的社会发展问题，他在回复俄国女革命家维·伊·查苏利奇的信中就指出："这一运动的'历史必然性'明确地限制在西欧各国范围内"①。这一启示同样可以运用于劳动教育理论的灌输中，即，不能想当然地从资本与劳动的二元对立来认识新时代的社会现象，而应该从既定的中国社会现实反过来把握这种本质内涵的丰富性、复杂性、多元交互性。

　　关于资本与劳动的矛盾以及资本对劳动的剥削，我们在理论灌输中已经给予充分的关注，不过仍应注意避免将劳动与资本之间的对立绝对化、浅层化、教条化。比如，资本是劳动的结果，但是反过来，它却对人的劳动构成了否定。但拒绝资本的统治并不是让人们在资本面前停止全部劳动，而是要将这一停止看作一个不同于朝向资本的劳动的起点。这意味着，"一方面，停止朝向资本增值的方向进行劳动，另一方面，改变劳动的着眼点，不是停止劳动，而是将劳动朝向使工人自身的生命充实、丰富的方向，这一方向需要持续地用力，这是资本主义真正的断裂之处"②。这种拒绝让金钱决定我们的劳动的行为是一种有意识地排斥资本主导的部分表现。"无产阶级的解放也是消除自身特殊性的过程，如果无产者始终将无产作为自己的身份加以追求，它就无所谓解放，解放就是丢掉无产者这一特殊身份，就是从劳动逻辑的重构中去找寻普遍性"③。这些都需要我们辩证把握劳动与资本的对立统一关系，努力使高职学生首先从思想深处意识到避免沦为资本的附庸，这是通向自由的重要一步，但同时又不是简单机械地摒弃、痛恨资本，而是在正视、接受资本存在的现实中与资本共舞，这需要高度的理论自觉。

　　同时，在理论灌输中相对薄弱的是，基于中国传统社会的历史逻辑，分析中国的现代化进程和社会发展问题。2023年2月7日，习近平总书记在学习贯彻党的二十大精神研讨班开班式上作《正确理解和大力推进中国式现代化》的重要讲话，指出"推进中国式现代化，是一项前无古人的开创性事业，必然会遇到各种

---

①《马克思恩格斯选集：第3卷》，人民出版社2012年版，第839页。

②孙亮：《"劳动逻辑"的重构与重读〈共产党宣言〉》，《马克思主义与现实》2018年第5期，第67~73页。

③孙亮：《"劳动逻辑"的重构与重读〈共产党宣言〉》，《马克思主义与现实》2018年第5期，第67~73页。

可以预料和难以预料的风险挑战、艰难险阻甚至惊涛骇浪"①。目前对经济现代化的研究可以分为两种范式。一种范式是以发达国家为对象，研究其所走过的现代化历程。另一种范式是以发展中国家为对象，研究其追赶发达国家的发展进程。已有的现代化理论属于过去时，而社会主义发展中国家的现代化理论则属于现在时和将来时，需要依据国情和所处的发展阶段进行创造和建构。中国特色社会主义进入新时代后所要推进的现代化，既要体现社会主义的要求，也要反映中国进入新时代后的经济特征，走中国特色社会主义的现代化道路。②中国特色社会主义建设进入新时代，资本作用得到重视，商品生产和商品交换得以大力发展，商品概念由物质生产部门拓展到非物质生产部门，资本由物质生产部门进入非物质生产部门；人民的需要也由满足日益增长的物质文化需要拓展到满足日益增长的美好生活需要，这一主要矛盾的解决在于如何快速"做大蛋糕"，并在"做大蛋糕"的过程中兼顾"做好蛋糕""分好蛋糕"的问题。从中国式现代化发展历程的成功经验来看，其产业发展具有产业革命叠加、以实体经济为中心、保持相对完备的产业体系等特征，突显了产业技术进步的重要意义。当前，新产业革命是加速现代产业体系建设的根本路径，是解决当前主要矛盾的关键所在，是消除已有的发展不可持续、区域差距与贫富分化等增长之弊并解决人口规模巨大、城乡差距扩大等新时代挑战的核心手段③。但是，新产业革命本身也具有削弱传统资源地位、排出劳动力、产业体系"瘦身"、增长区域窄化、扩大城乡差距和区域差距、削弱传统人力资本培育效果等负面效应。这些负面效应会对高职学生的未来职业发展产生哪些影响，以及如何做好应对的准备，是高职学生高维度的理论需求；让他们站在高处、望向远方，如此才能让他们在解决问题中看到真正的"希望"，这也是他们学会用辩证法解决思想困惑的开始。如果在理论灌输中能够达到理想的效果，劳动育人实践便是顺理成章之事，即马克思所说的"理论只要彻底，就能说服人"④。

2. 劳动实践中的片面与忽视

在组织学生参加劳动实践方面，感性的劳动现场对人具有感官上的刺激作用和心灵的教化作用，它能够突变式地或潜移默化地改变人对某一劳动类型的固有偏见，进而改变人的劳动价值观念。劳动教育首先是劳动实践教育，这其中包含

---

① 《习近平在学习贯彻党的二十大精神研讨班开班式上发表重要讲话强调 正确理解和大力推进中国式现代化》，新华社，2023年2月7日。
② 洪银兴：《中国式现代化：目标、进程和道路》，《学海》2023年第3期，第5~14页。
③ 赵儒煜：《中国式现代化产业发展的特殊性与新产业革命的双重效应》，《社会科学辑刊》2023年第3期，第114~124页。
④ 《马克思恩格斯选集：第一卷》，人民出版社1972年版，第9页。

深入劳动现场、体会劳动的辛苦、感受劳动的意义。高职院校实践性教学课时原则上占总课时的一半以上，在组织学生开展劳动实践方面具有得天独厚的优势。但是，片面性问题也较为突出。

在教学内容上，忽视对学生开展劳动概念、劳动特征、劳动功能、劳动价值、劳动类型、劳动伦理和劳动法治等理论的系统教育，存在以生产劳动代替劳动教育的情况。

在劳动形态上，反观当前的劳动教育实践，我们不难发现，很多地区和学校着力开展的劳动教育，其基本载体主要还是停留在对传统简单生产劳动的再现和学习上，强调的是人的生物性力量在劳动中的决定作用，这些传统简单的生产劳动并不是当下生产劳动的主体，更不代表将来劳动发展的方向，更应该注重从生产力发展进步的立场去设计相关的教育活动，这样才能够切实体现新时代劳动教育的新使命。[①]

在教学方法上，存在以职业教育专业技术实习代替劳动教育的情况，这样一种基于生产环节的劳动教育内容固然有助于学生了解物品是如何生产出来的，却不利于学生对劳动世界完整性的认识和把握。从劳动教育的角度看，学生不仅要知道一个物品如何生产出来，同时，也应该明白物品生产出来之后将会流向何处，以及伴随着物品的流动会涉及哪些劳动环节、劳动事件以及劳动创造，了解分配、交换、消费等环节中的各种复杂的劳动关系，这样更有利于学生把握马克思政治经济学中关于劳动创造价值、按劳分配等基本观点的深刻内涵和现实意义。

在教学形式上，注重"生产劳动"，却缺少对学生开展"日常生活劳动""服务性劳动"教育。实际上，在当前这样一个分工日益细化的时代，日常生活劳动已经超越了个体私人生活领域，而变成了社会的一个产业类型。[②] 即，我们对于大学生的日常生活劳动教育，重在引导学生去思考这一劳动当中可能存在的各种劳动伦理张力，如个体家务劳动与家政业的发展、家政服务者与雇佣者的关系，等等。

（二）标准模式与个性需求无法兼顾

人是共性与个性的统一体。新时代高职院校劳动育人活动围绕现实的人展开，既有一定的共性要求，又必须满足大学生个体的诸多个性需求。高职院校劳动育

---

① 班建武：《新时代劳动教育要代表先进生产力的发展方向》，《中国德育》2022年第9期，第5~7页。
② 班建武：《大学劳动教育的学段特征及其实践要求》，《中国高教研究》2022年第5期，第60~64页。

人由于受客观条件影响具有一些共性要求，这些共性要求必须通过规范化、标准化的模式进行推广，包括共同的目标要求、共同的方法路径和共同的环境条件。共同的目标要求指劳动育人不仅涵盖大学生劳动态度和劳动能力，更包含思想政治水平、身体健康状况、创新创业素质等多个方面。其中任何一个方面的缺失都可能会对劳动育人整体效果产生负面影响。这就要求新时代高职院校劳动育人的各项基本内容在目标要求层面着力打破彼此间的隔阂，构建你中有我、我中有你、互促互进、有机统一的整体格局。共同的方法路径指在劳动育人的视域下，应当通过教育引导学生在劳动中实现思想道德、本领才干、意志品质和创新能力等方面的素质提升。因此，无论新时代高职院校劳动育人指向何种目标任务，都应当通过劳动这一方法和路径来加以实现。共同的环境条件是指校园文化环境、实验室环境、网络环境、课堂环境、宿舍环境等劳动环境的统筹协调，以及对师资条件、制度条件、教学条件、管理条件、设备条件、安保条件等劳动条件的整合配备，都是保障高职院校劳动育人顺利进行的重要基础。

新时代高职院校劳动育人又要考虑学生成长发展的个性需求，这些个性需求体现为三个方面的差异。一是在侧重方向上的差异。虽然新时代高职院校劳动育人的基本内容在目标要求上具有共同性，但劳动道德品质、知识技能、身体素质、审美情趣和创新素养分别指向学生综合素质的不同方面，在劳动育人实施过程中不可避免地有所侧重，并且这种侧重程度应根据学生身心发展的实际情况以及外部社会对高水平人才的评价标准等因素进行合理调整。例如，当学生身体素质问题凸显时，应当加大以劳强体的力度；当对学生创新素养的培养日益迫切时，则应当更多地关注以劳创新的质量提升；等等。二是在劳动选择上的差异。劳动作为高职院校劳动育人活动的核心抓手，其本身可以分为体验式、探索式、感悟式等不同类型，有贴近生活的日常生活劳动，有与学习内容紧密衔接的专业探索劳动，有体验社会、适应社会、奉献社会的校外实践劳动，也有赚取报酬的勤工助学劳动，等等。在高职院校劳动育人实践中，应根据高职学生个体的成长特点和实际需要，选择适宜的劳动形式，以达到良好育人效果。三是在难易程度上的差异。尽管不同的劳动育人内容所依托的劳动实践活动可以在时间和空间上保持同步，但对大学生个体而言，其各项素养形成的难易程度明显不同。例如，身体层面的锻炼提升相对容易实现，对思想道德、意志品质、审美情趣的塑造则需要长期积累；知识层面的学习相对容易，创新精神、创新能力的培养形成则明显更难。

在劳动育人实践中，规范化、标准化所带来的相对僵化、形式化等问题也同样存在，易使得高校劳动育人在实施过程中不能及时跟上信息时代、智能时代所带来的劳动理念、劳动工具、劳动内容等方面的新变化和新趋势。尤其是在大学生自主劳动阶段，需要结合个人兴趣爱好和专业特长对劳动的种类和形式进行灵活选择。而劳动教育规范化、标准化教学模式导致教学内容浅层化、方式简单化[①]，难以适应学生多样化的劳动需求。

（三）滞后评价与目标要求不能匹配

新时代劳动教育已经经历了几年的探索，取得了阶段性的成果。劳动教育评价是高校教育教学改革的"指挥棒"，规范科学的评价对于学校教育目标达成和学生劳动素养提升具有"事半功倍"的引导和规制效应，必须深刻领会其价值意蕴并持续调整优化。[②]但在现实中，与劳动教育相关的各级各类考核评价体系的建设往往相对滞后于具体劳动教育目标要求的提出，这使得目前高校劳动教育尽管被列入学校重点工作加以研究部署，但大多停留在"有没有"的层面，对更深层面的"精不精""优不优"等问题，缺乏有效的问责问效机制和持续改进优化的动力，难以做到"形神兼备"。

高职院校因其技能型、应用型人才的培养目标，在平时的教学工作中往往会通过职业化的劳动教育课程和实践培养学生的职业技能和职业素养，具有劳动教育的部分功能，对上述课程的考评工作使高职院校在开展劳动教育评价方面有了一些探索。上述探索虽为高职院校劳动教育评价提供了一定的基础，却没有脱离高职院校"专业课"的范围。加之新时代我国劳动形式变得更加多样、复杂和隐蔽，劳动教育内涵也得到了极大扩展，国家和社会对高职院校劳动教育的要求与期望也在不断提高，而劳动教育评价工作的发展具有一定的滞后性。这种滞后性主要表现为：评价主体单一、评价方法简单、评价内容片面、评价功能弱化。对此，前面已有论述。

四、全课程劳动育人实施与其他系统冲突

新时代劳动教育是由各有关劳动教育相互联系、相互作用的要素集合而成的一个具有劳动教育特定功能的有机整体。按照教育学学科框架，劳动教育体系的主要部分应由劳动教育的观念、目的、性质任务、地位作用、指导思想、原则、内容（课程和教材）、途径、方式方法、教师队伍、经费、器材设备、场地、管理、法律法规制度建设、评价、科研等要素组成。各要素的组合应当是有机统一的，

① 刘向兵、党印：《高校劳动教育实施推进的多元与统一：基于80所高校劳动教育实施方案的文本分析》，《中国高教研究》2021年第5期，第54~59页。
② 李鹏：《劳动教育评价的价值意蕴与优化路径》，《湖北社会科学》2022年第8期，第146~153页。

而不是"机械组合"，这也是系统思维的整体性要求。[①] 全课程劳动育人作为高职院校整体育人大系统中的子系统，自身实施过程必然与这个大系统中其他育人子系统之间发生联系和互动，这种联系互动可能激发彼此相互促进，也可能导致彼此之间发生矛盾冲突。

（一）劳动教育部门间及与外部的冲突

高职院校劳动教育的组织管理工作，通常由教务部门与学工部门主要负责，教务部门负责劳动教育的理论部分，学工部门负责劳动教育的实践部分。然而，在实践中，很多高职院校的教务部门与学工部门各司其职、各行其是。从职能上看，教务部门的工作重心主要在教学管理与课程设置上，主要通过开设劳动教育课、设置劳动教育学分以及在专业课中渗透劳动教育等方式组织劳动教育；而学工部门则更关注学生日常事务管理与校园文化活动的组织，主要通过举办校园活动以及班级活动等方式组织劳动教育。教务部门组织的劳动教育往往重理论而缺乏与实践的结合，学工部门开展的劳动教育实践活动往往形式丰富却少有系统的理论指导，两者紧密配合才能形成系统化的劳动教育育人机制。然而，当前多数高职院校教务部门与学工部门缺乏有效的沟通交流与合作机制，未形成合力，降低了劳动教育的育人效果。

此外，劳动教育的深入推进还需要学校其他部门的协同支持。比如，人事部门出台评价和激励机制，把教师指导学生劳动实践计入教学工作量，并纳入教师职称评聘和年度考核环节。科研部门加大对劳动教育类科研和教改课题的支持和培育力度，深化劳动教育的理论研究与实践创新。宣传部门负责宣传推广学校劳动教育所取得的成果。各教学单位积极主动对接学校全课程劳动育人的要求，探索课程与劳动教育的结合点，提升育人实效。在学校传统的条块管理模式下，职能部门各司其职、各自为政，往往从部门本位出发，对协同实施机制缺乏认同和支持。协同意味着相关部门在原有的教学和管理职责基础上，要为劳动教育开辟出新的工作内容，这无疑会增加相关部门的工作量，在缺少顶层设计和统筹规划的情况下，劳动教育协同大多停留在口头或书面上的强调与重视，实践中往往流于形式。

（二）劳动课程与其他课程之间的冲突

高职院校劳动教育目标是劳动价值形成、劳动行为塑造、劳动习惯养成，因此劳动教育是理论传授、实践劳动和历练锻炼的统一，重点是培养学生健康向上

[①] 卓晴君：《以系统思维构建新时代劳动教育体系》，《教育评论》2021年第4期，第24~27页。

的劳动本位价值观和劳动品质，因此需要改革课程设置和实践教学方式。

第一，开设劳动教育必修课程。劳动教育必修课主要教授学生马克思主义劳动价值论、劳动世界观和劳动方法论，加强劳动经典理论解读，传授学生工匠精神、劳模精神和创新精神，培养学生热爱劳动、尊重劳动、乐于劳动的思想认知，锤炼学生身体力行、锲而不舍、精益求精的劳动精神。同时，劳动教育公共必修课程的独立设置，必然带来相关课程建设、课时安排、场地保障等直接需求，挤占高校其他育人系统运作的时间和空间，可能带来高校内部多个育人子系统之间的矛盾和冲突。例如，笔者所在学校在2020年秋季学期第一次开设"劳动教育"公共必修课时，由于上课人数激增，导致教室资源紧张，一些班级的劳动教育课程不得不安排在晚上上课。劳动教育课程的师资也存在很大缺口，目前大都是专业课、思政课教师，辅导员等兼职担任，影响教学任务的及时、顺利下达，多数授课教师的研究领域并非劳动教育，教学过程中照搬教材，难以吸引学生，课程育人的效果也不容乐观。

第二，在思政课程和课程思政中加入劳动元素。明确将劳动教育纳入思政教育内容中，在基础理论课程、专业技能课程中加入劳动教育内容，形成"劳动+""思政+""技能+"的劳动教育课程体系[①]，有利于推进高职学生核心素养的形成。劳动育人的有效落实有赖于体制机制的保障，目前大部分高职院校尚未建立起相应的劳动教育课程评价体系，导致教师普遍缺乏探索劳动教育走深走实的积极性，劳动教育与思政教育、专业教育、创新教育的结合停留在理论探讨阶段，尚未落到实处。加之教师普遍面临科研、教学等多重考核压力，难以再抽出时间和精力投入劳动教育研究中。

第三，将劳动教育与实践教学相结合。劳动教育中的劳动实践具有不可替代的作用，劳动教育需要建立实践导向的教育体系。高职院校本身建有实训实习基地，在此基础上还要建设劳动教育基地和生产劳动基地，以符合劳动教育的实际需求。而在没有专用经费资源划拨的情况下，不得不在相对有限的教育资源分配上做出一定取舍。一些学校急于求成，将劳动教育的任务布置给二级学院后，未及时、有效地关注劳动教育的实施效果。一些高校将劳动教育局限在形式大于实际意义的活动上，如开设劳动教育讲座或开展一些徒具形式的劳动实践，配上"高大上"的文字在媒体发表，作为本校开展劳动教育的支撑材料，存在"作秀"的痕迹。这种浮于表面的劳动教育活动，不仅无法让学生从中感受到劳动的魅力，还让劳动教育陷入了"形式主义"的怪圈，让本该充满意义的劳动教育失去其育人功能。

---

① 刘洪银：《劳动教育推动高职学生核心素养形成路径研究》，《黑龙江高教研究》2022年第1期，第134~138页。

（三）劳动评价与其他评价之间的冲突

健全考核评价制度是激发劳动育人内生动力的重要途径。高职院校全课程劳动育人要求建立二级院系、职能部门、教师、学生多层次劳动教育考核评价体系。将考核结果与部门年终绩效、教师聘期绩效挂钩，将学生劳动过程表现和劳动成果与课程成绩、学期考核、毕业考核以及综合素质测评挂钩，并将考核结果作为学生评优创优的重要参考。[①] 这要求高职院校不断探索并完善适切的评价指标。第一，重视学生评价。应建立起一个以学生能力发展为本的动态评价指标，着眼于学生学习过程中基本知识、技能、素养、情感、品格等全方位的发展提升；着眼于学生学习效果，可以从学生创新成果、深造比例、服务社会等方面进行考查；着眼于毕业生质量，则可从毕业生对社会的贡献度以及毕业生自身获得的社会认可度等方面进行评价。第二，改革教师评价。将教育教学能力作为教师评价的基础性指标，将科学研究和社会服务能力等作为发展性指标。引导教师将科研成果、社会服务经验转化为教育教学的优质资源，真正做到科教融合。第三，创新学校评价。从学校的课程资源、师资资源、学术资源等方面考查，可以包括课堂教学、实践实训、创新创业项目以及学生满意度等指标。高职院校系统性评价改革势在必行，在建立科学的评价指标体系上花大功夫、下大气力，切实提高高职教育对经济社会发展的引领和推动作用。

以上所反映的是当前我国高职院校劳动育人实施过程中存在的一些具有代表性的问题。要解决好这些问题，不断化解学生成长需求与需求满足状况之间的矛盾，高职院校应更新思想观念，认清并把握劳动育人的特征和规律，结合自身优势特色，在方案制定、具体实施、条件保障、考核评价等方面持续创新优化，以更好地适应高职学生劳动素养提升的内在需求。

---

① 彭泽平、邹南芳：《新时代高校加强劳动教育的价值意蕴、逻辑机理与实践方略》，《黑龙江高教研究》2020 年第 12 期，第 1~5 页。

｜第五章｜

高职院校全课程劳动育人的多维路径

高职院校劳动育人并不是孤立存在的"自系统"，而是一个复杂的"超系统"。既涉及中国式现代化进程中经济、社会等多重结构的目标需求，又关乎高等职业教育内部多重资源要素的统筹整合，并旨在完成外部环境与内生要素之间的连接与适配。本研究旨在将高职院校劳动育人视作一个由宏观环境、中观结构和微观要素组成的整体系统。① 从实践情况看，高职院校按照岗位需求进行专业（群）和课程（群）设置，注重培养岗位所需的能力和素质。职业的基础是劳动，职业教育本质上是技术技能教育，体现出鲜明的劳动教育特征。因此，在高职教育中，始终贯穿着劳动教育，充溢着劳动要素，注重把劳动精神、劳模精神、工匠精神的培养作为立德树人的重要内容和有效抓手，并有机融入学校课程培养体系和课堂教学主渠道。高职院校劳动育人的关键在于开展全课程劳动育人。推动高职院校劳动教育取得实效，涉及众多培育单位和各类课程，必须在系统性整体框架中确立着力点。

一、宏观：大中小学劳动教育一体化"贯通"维度

基础教育和高等教育是教育的两个十分重要的阶段，基础教育主要包括学前阶段、义务教育阶段和高中教育阶段，高等教育主要包括专科、本科、研究生阶段，基础教育与高等教育共同构成教育有机整体，它们之间应该是完整、连续的。不同阶段的劳动教育都会对学生的全面发展产生重要影响。高职教育是教育链条上的重要一环，必须充分考虑到前后阶段劳动教育的特点，通过大中小劳动教育的一体化"贯通"，实现劳动教育平稳、有序、良性衔接。

---

① 林克松、朱德全：《教育应对公共危机的分析框架与行动范式：基于"新冠"重大疫情危机的透视》，《华东师范大学学报》（教育科学版）2020年第4期，第118~126页。

（一）坚定指导思想

指导思想是精神旗帜。习近平总书记多次强调劳动对于人类和社会的重要意义。

1. 充分肯定劳动的地位和作用

第一，劳动为人民带来美好生活。习近平总书记充分肯定了劳动的重要价值和意义，并深刻指出"'人生在勤，勤则不匮。'幸福不会从天降，美好生活靠劳动创造"①。劳动是财富的源泉，也是幸福的源泉。② 马克思的唯物史观深刻揭示出人民群众不仅是物质财富的创造者，也是精神财富的创造者。伴随着生产力的发展和科学技术的进步，劳动人民在生产过程中既能创造出更多的物质生活资料和生产资料，也能在辛勤劳动之下创造出更多符合时代进步和发展要求的精神文化产品，从而为满足美好生活需要提供深厚的物质财富和精神食粮。

第二，劳动实现民族复兴的中国梦。劳动创造了中华民族，造就了中华民族的辉煌历史，也必将创造出中华民族的光明未来。③ 新时代下进行伟大斗争、建设伟大工程、推进伟大事业、实现伟大梦想的过程中，也需要紧紧依靠广大人民自信自强、守正创新的辛勤劳动。习近平总书记深刻指出："中华民族伟大复兴，绝不是轻轻松松、敲锣打鼓就能实现的。"④ 中国梦的实现需要全国各族人民的辛勤劳动、诚实劳动和创造性劳动，需要每个人的艰苦奋斗。广大人民在中国共产党的领导下，致力于用劳动实现自己的人生梦，也将自己的人生梦和国家梦紧密相连，从而推动党和国家事业的快速发展，助力实现中华民族的伟大复兴。

第三，劳动是共产党人保持政治本色的重要途径。保持党的先进性和纯洁性，是我们党在改革开放和社会主义现代化建设进程中应对和经受住各种考验、化解和战胜各种危险的重要法宝。⑤ 习近平总书记深刻指出，广大党员、干部要带头弘扬劳动精神，增强同劳动人民的感情，带头在各自岗位上勤奋工作、踏实劳动。⑥ 只有在辛勤劳动的过程中才能保持与人民群众的密切联系，真正想群众所想、办群众之事、解群众所难，让全心全意为人民服务落到实处，人民才会积极将自己

① 习近平：《在知识分子、劳动模范、青年代表座谈会上的讲话》，《人民日报》2016年4月30日。
② 习近平：《在同全国劳动模范代表座谈时的讲话》，《人民日报》2013年4月29日。
③ 习近平：《在同全国劳动模范代表座谈时的讲话》，《人民日报》2013年4月29日。
④ 习近平：《习近平谈治国理政：第三卷》，外文出版社2020年版，第12页。
⑤ 中共中央文献研究室：《十七大以来重要文献选编（下）》，中央文献出版社2013年版，第822页。
⑥《习近平在乌鲁木齐接见劳动模范和先进工作者、先进人物代表 向全国广大劳动者致以"五一"节问候》，《人民日报》2014年5月1日。

的辛勤劳动投身于现代化的建设，也只有如此，党才能保持健康的政治肌体和优良的政治本色，从而以党的自我革命引领伟大的社会革命。

2. 尊重劳动人民的主人翁地位

第一，着力于提高劳动者的素质。习近平总书记指出："在前进道路上，我们要始终坚持人民主体地位，充分调动工人阶级和广大劳动群众的积极性、主动性、创造性。"① 只有真正认识到人民是历史的创造者，才能重视人民在建设社会主义现代化强国和实现中华民族伟大复兴过程中所发挥的磅礴伟力。劳动者素质的提高关系着其能否适应我国生产力的要求以及生产关系的变革，更关系着我们能否取得中国特色社会主义事业新的伟大胜利。习近平总书记强调指出："要高度重视广大职工的多样化需求，不断拓展职工成长成才空间，着力培养造就一大批知识型、技术型、创新型的高素质职工。"② 以劳动人民为主体充分肯定了劳动者在劳动过程中的主体地位，将劳动者作为社会发展的力量源泉，从而激励人们努力学习现代科学技术，提高自己的劳动水平和素养，为实现社会主义现代化提供强大的人才力量。

第二，注重保护劳动者的权益。习近平总书记在 2020 年全国劳动模范和先进工作者表彰大会上的讲话中指出："维护好工人阶级和广大劳动群众合法权益……不断提升工人阶级和广大劳动群众的获得感、幸福感、安全感"③。这要求我们要从多方面做好工作，切实实现好、维护好和发展好广大劳动者的合法权益。不仅要坚定正确的政治方向，加强党委对工会的领导，更要充分发挥好工会和人民群众的桥梁和纽带作用，把为职工群众服务作为工会一切工作的出发点和落脚点，积极带领广大群众坚定不移跟党走，"让职工群众真正感受到工会是'职工之家'，工会干部是最可信赖的'娘家人'"④。习近平总书记深刻指出："劳动没有高低贵贱之分，任何一份职业都很光荣。"⑤ 要加快完善我国的劳动法律制度，让每个劳动者的劳动贡献都能得到尊重和认可，为广大人民群众积极投身于社会主义现代化建设提供良好保障，从而激励劳动人民保持高度的责任感和主人翁精神。

3. 培育劳动观念、弘扬劳动精神

第一，树立劳动最光荣、劳动最崇高、劳动最伟大、劳动最美丽的劳动观念。

① 习近平：《在庆祝"五一"国际劳动节暨表彰全国劳动模范和先进工作者大会上的讲话》，《人民日报》2015 年 4 月 29 日。

② 习近平：《在同全国劳动模范代表座谈时的讲话》，《人民日报》2013 年 4 月 29 日。

③ 习近平：《在全国劳动模范和先进工作者表彰大会上的讲话》，《人民日报》2020 年 11 月 25 日。

④ 习近平：《在庆祝"五一"国际劳动节暨表彰全国劳动模范和先进工作者大会上的讲话》，《人民日报》2015 年 4 月 29 日。

⑤ 习近平：《在知识分子、劳动模范、青年代表座谈会上的讲话》，《人民日报》2016 年 4 月 30 日。

习近平总书记强调："要引导广大人民群众树立辛勤劳动、诚实劳动、创造性劳动的理念，让劳动光荣、创造伟大成为铿锵的时代强音，让劳动最光荣、劳动最崇高、劳动最伟大、劳动最美丽蔚然成风"①。尤其是新冠疫情暴发之后，全国广大人民用自己的辛勤劳动筑起了一道众志成城、坚不可摧的强大防线，千千万万劳动群众在各自岗位上埋头苦干、默默奉献，汇聚起了战胜疫情的强大力量。劳动教育就是要让广大青年充分认识到劳动是战胜困难的重要方式，也是实现社会发展进步的根本源泉。

第二，培育崇尚劳动、热爱劳动、辛勤劳动、诚实劳动的劳动精神。劳动精神的培育和弘扬是实现中华民族伟大复兴的中国梦、破解新时代中国发展的难题和建设中国特色社会主义事业的关键一环。习近平总书记深刻指出劳动精神的核心内涵为"崇尚劳动、热爱劳动、辛勤劳动、诚实劳动"②。新时代劳动精神的弘扬有助于广大青年认识到劳动是发挥人的自觉能动性和实现自身全面发展的重要方式，从而培育其崇尚劳动、热爱劳动、辛勤劳动、诚实劳动的劳动精神。2018年9月，习近平总书记在全国教育大会上发表讲话时强调，"要在学生中弘扬劳动精神，教育引导学生崇尚劳动、尊重劳动，懂得劳动最光荣、劳动最崇高、劳动最伟大、劳动最美丽的道理，长大后能够辛勤劳动、诚实劳动、创造性劳动"③。这里所提到的学生，既包括基础教育阶段的小学生和中学生，也包括高等教育阶段的大学生，涵盖了教育的不同阶段。这些重要论述为新时代开展劳动教育，实现大中小学劳动教育一体化，提供了思想引领和根本遵循。

（二）深化思想认识

思想认识是行动指引。党的十八大以来，中国特色社会主义进入新时代，确立了中国发展新的历史方位，党和国家进一步丰富和发展了新时代中国特色社会主义教育思想。

1. 实现劳动教育思想的价值转向

第一，建构具有内在生命旨趣的劳动教育。进入新时代以来，劳动教育的概念与范畴日益丰富，价值诉求越来越多样化与现代化，更加注重价值观引领，在"出力流汗""勤俭奋斗""创新奉献"的基础上，努力发掘劳动更为动人和丰盈的内涵，旨在让学生从劳动中体知真善美之生命之根，建构具有内在生命旨趣的

---

① 习近平：《在庆祝"五一"国际劳动节暨表彰全国劳动模范和先进工作者大会上的讲话》，《人民日报》2015年4月29日。
② 习近平：《在全国劳动模范和先进工作者表彰大会上的讲话》，《人民日报》2020年11月25日。
③ 习近平：《论党的宣传思想工作》，中央文献出版社2020年版，第177页。

劳动教育，尊重完整的人的精神世界和情感世界，实现人类本质的回归。2018年9月，全国教育大会明确党的教育方针是培养德智体美劳全面发展的社会主义建设者和接班人，劳动教育进入"五育并举"格局，重新回归到教育目标中，并被赋予新的时代内涵。在此之前，劳动教育被内在地包含于德育之中，成为德育的一部分。比如延续至今的"三好"学生意即品德好、学习好、身体好，是"德智体"三方面综合发展的指称。而2018年全国教育大会，高度肯定了劳动教育的价值意义，明确将教育方针由"德智体"扩展为"德智体美劳"五育并举。

第二，逐步建立劳动教育课程群。2020年3月，中共中央、国务院出台《关于全面加强新时代大中小学劳动教育的意见》，对开展劳动教育进行了系统的顶层设计。从课程设置角度看，每一门课程的设置都内含丰富的育人要素，包括劳动育人元素，都在一定程度上契合劳动教育目标，服务学生全面发展。就课程建设而言，要从整体上构建和持续优化劳动课程设置，要纳入各级学校人才培养方案，逐渐建成内容综合性、形式实践性、架构开放性、实施针对性的劳动教育课程群。2020年7月，教育部印发《大中小学劳动教育指导纲要（试行）》，进一步明确劳动教育课程建设的实施途径。这些新时代重要论述充分阐明，要使劳动教育的效果充分显现，必然要构建全面系统的劳动教育课程群，这为新时代劳动教育发展指明了方向、标注了时代价值。我国作为劳动人民当家作主的社会主义国家，劳动科学理应具有非常崇高的地位。2021年，我国普通高等学校本科专业目录的新专业名单中，首次出现"劳动教育"专业。高校要通过劳动学科课程建设完善劳动育人体系。劳动课程落地的关键在于重塑课程实施的底层逻辑。[①] 高校应加强对校内课程资源的开发和利用，基于其学段的高端和终端特征开发"劳动哲学"课程[②]，同时将越来越多有助于劳动学科课程教学的课程资源引入教学活动，通过联系社会现实、联系直接经验、融合劳动活动课程推进课程实施，合力打造学生本位的劳动课程实施模式。

第三，劳动教育与职业教育深度融合。2021年4月，习近平总书记对职业教育工作作出重要指示强调："在全面建设社会主义现代化国家新征程中，职业教育前途广阔、大有可为。"[③] 其中关于弘扬工匠精神、提高技术技能人才社会地位等重要论述，包含着对劳动价值的科学阐发。劳动教育与职业教育有着天然的紧密

---

① 林克松：《新时代劳动课程实施的底层逻辑重塑》，《西南大学学报》（社会科学版）2023年第1期，第176~183页。

② 檀传宝：《深度与复杂性的引入：高等学校应有的劳动哲学教育》，《教育研究》2023年第1期，第26~35页。

③ 《习近平对职业教育工作作出重要指示》，新华网，2021年4月13日。

联系，缺乏劳动教育的职业教育难以堪称真正的职业教育。在新时代的职业教育中，劳动教育较好地发挥了树德、增智、强体、育美的作用，但还需要进一步强化，通过优化职业院校劳动教育课程群建设、开展劳动教育实践活动、健全劳动素养评价制度等全面落实新时代劳动教育的重要任务。

2. 形成重视劳动育人的集体意识

第一，警惕功利主义的不良影响。当前劳动教育面临的主要困境之一，就是在思想认识层面出现了偏差。改革开放以来，市场经济环境下的资本逻辑和价值规律在我国社会中自然地派生出一种功利主义倾向。从哲学意义上讲，功利主义通常是指一种以实际功效或利益作为道德标准的伦理学说，它认为避苦趋乐是人的本性，个人利益是唯一的现实利益，个人应当做出能"达到最大善"的行为，而不考虑行为的动机和手段。当功利主义反映到教育活动中时，教育活动就被理解为个人被动地应付环境的活动，衡量教育的标准是实现价值和创造价值，教育是为职业选择做准备的，社会的需要就是教育的需要，也就是人的需要，教育发展要以社会发展作为最高目标。[1] 与功利主义相对应的高校劳动教育活动，往往被视为满足经济发展、政治建设、社会治理等其他需求的工具，使得其往往注重强调教育内容的专业性和应用性，强调专业知识技能的传授和培养，强调论文、分数、奖项、证书等易于衡量的显性评价指标，而对培养大学生掌握基础性的理论文化知识重视不够，对培养大学生内在的劳动态度、劳动品德、劳动价值观的投入力度不够，致使劳动教育的深层次育人价值被弱化、虚化。

第二，吸收借鉴理性主义教育思想。与功利主义相对应的理性主义教育思想，在我国高等教育中也具有一定的代表性。在理性主义支配下的高等教育，以探索真理、完善人格为宗旨，坚持自己的个性，不为外部力量如社会政治、经济等所左右。理性主义者认为，人永远是教育的对象，大学教育的最终目标始终是人的个性发展和传播理性知识，他们主张在教育过程中实现人的自我完善，抛弃教育中的实用性与职业性，主张教育是为生活做准备，而不是为职业做准备。[2] 在理性主义导向下的高校劳动教育，反对将大学生培养为适应某种具体劳动活动需要的职业劳动者，反对开展应用型、技能型的劳动教育，理性主义者认为这种劳动教育不仅不益于大学生自由全面发展，反而会扼杀其天性，违背教育活动的初衷。

第三，构建适合中国国情的劳动教育。在我国当前的高等教育体制下，高校

① 邬大光：《理性主义与功利主义的冲突与选择：西方高等教育思想演变的理论反思》，《高等教育研究》1989 年第 4 期，第 30~36 页。
② 施晓光：《美国大学思想论纲》，北京师范大学出版社 2001 年版，第 65 页。

承担着人才培养、科学研究、社会服务、文化传承与创新、国际交流合作等基本职能，必须同时满足和适应大学生自由全面发展需要和经济社会发展需要。可见，功利主义和理性主义的教育导向在此得到了共存。而要促进两者进一步走向融合，高校应当充分认识到劳动在这种融合当中所能够起到的重要的中介和衔接作用。一方面，劳动是人类的本质活动，通过劳动教育，大学生的综合素质和创新潜力能够得到充分激发，大学生能够在获得身心愉悦的同时，实现个体自由全面发展；另一方面，劳动也是推动人类历史不断前进的根本动力，大学生在劳动中培养练就各项素质和本领，应当在广阔的社会大舞台中大展拳脚，将个人梦、青春梦融入国家梦、民族梦，实现个体价值和社会价值的有机统一。由此可见，高校高度重视并深入开展劳动教育，既是对过分追求显绩、忽视个体自由和谐发展的教育导向的系统性纠缠，又是对脱离现实、不接地气的理论研究倾向和忽视社会责任、不食人间烟火的人才培养导向的有力纠正。

综上，在思想认识层面，让重视劳动育人成为高校内部的集体意识，是高校主体充分发挥劳动教育育人功能的首要前提，也是促进高校切实履行好各项基本职能的重要保障。

3. 确立全面和谐发展的育人目标

第一，促进高职学生个体社会化。这主要是指高职院校劳动育人在为增强学生理解劳动意义、端正劳动态度、培养劳动技能、涵养劳动情怀，以便更好地了解社会、适应社会、融入社会而开展的教育引导其亲身劳动实践的过程中所发挥的作用。新时代高职院校劳动育人就是在促进高职学生个体符合各项社会化要求的基础上，教育引导学生通过辛苦劳动、诚实劳动满足个体物质精神需要的同时，为推动国家富强、民族振兴、社会进步贡献自己的青春力量。

第二，凸显高职学生个体个性化。这主要是指高职院校劳动育人在促进学生个体自我意识觉醒、自主能动性彰显以及实现个性化发展等方面所起到的作用。高职学生的个体发展，不仅是个体逐步融入社会的过程，也是个体不断发展自我、凸显自我进而实现自我的过程。青年学生作为未来的社会主义劳动者，除了应当具备辛勤劳动、诚实劳动的品质，还必须思维敏锐、勇于创新、开拓进取、善于创造性地开展劳动，这是新时代高职院校劳动育人个体个性化功能的根本体现。

第三，提升高职学生个体享用意识和能力。这主要是指高职院校劳动育人在引导学生个体提升精神境界、理解人生真谛、获得审美愉悦、享受幸福生活等方面所起到的作用。正如马克思所指出的"对于没有音乐感的耳朵来说，最美的音乐也毫无意义，不是对象"[1]，亲历劳动是形成良好劳动素养的根本前提。教育、

---

[1]《马克思恩格斯文集：第1卷》，人民出版社2009年版，第191页。

引导高职学生从劳动中体会幸福，这是新时代高职院校劳动育人个体享用性功能的根本体现，也是在高职学生个体层面的重要价值追求。

（三）体现时代特色

时代特色是价值依归。劳动教育不是在真空中开展的，学生也不是温室中栽培的花朵，而是要映射时代内涵、回应时代问题、担当时代大任。统筹推进大中小学劳动教育一体化，目的在于培养适应当前和今后未来社会发展需要的建设者。大中小学劳动教育一体化，意味着不同阶段的劳动教育构成一个有机整体，彼此相互联系，但又自成体系。立足中国特色社会主义新时代，不同阶段的劳动教育也会呈现出不同的特色。一般而言，越是处于较高的教育阶段，所应对的时代挑战越直接，时代诉求越迫切，时代特色越明显。各个阶段的劳动教育之间围绕时代之问，纵向衔接、横向贯通、层层递进、螺旋上升。

1. 聚焦发展劳动素养，构建一体化劳动教育目标

大中小学要明确，劳动教育总体目标与各学段具体目标要保持衔接性，每个学段劳动教育目标的确立要以劳动素养为准绳，体现其阶段性。小学低年级注重劳动意识的启蒙，学习日常生活自理，感知劳动乐趣，初步认识劳动最光荣，热爱劳动，懂得自己的事情自己做。小学中高年级注重劳动习惯的养成，正确认识劳动价值，初步树立正确的劳动观。初中阶段注重增加劳动知识与技能，初步养成认真负责、吃苦耐劳的劳动品质与职业意识。普通高中阶段注重丰富职业体验，熟练掌握一定的劳动技能，理解劳动的创造价值，养成服务他人与社会的劳动情怀。中等职业学校重点是结合专业人才培养，增强学生职业荣誉感，提高职业技能水平，培育学生精益求精的工匠精神和爱岗敬业的劳动态度。大学阶段要树立正确的择业观，积累职业经验，注重大学生创新创业，提升就业能力培养。在制定大中小学劳动教育目标时，要充分考虑各学段的衔接性，不仅要从整体上确保劳动教育目标的完整性，同时还要考虑劳动教育目标的阶段性与递进性。既要考虑不同教育阶段劳动教育目标之间的相互联系，又要注意劳动教育目标与教育目标、人才培养目标、课程教学目标之间的纵向衔接、横向贯通。分层递进、螺旋上升的劳动教育目标设置，将使大中小学各学段劳动教育的具体目标更具操作性。

2. 实现课程有序衔接，建设一体化劳动教育课程

精准定位、统筹推进劳动教育课程一体化建设是大中小学劳动教育一体化的核心内容。应建立统一的课程制度，在制度指导下制定科学的课程计划、课程标准、教材体系和课程教材评价体系，使小学、中学、大学各教育阶段的劳动教育课程形成由低到高、由浅入深、循环上升、有机统一的体系。因此，在构建大中小学相互衔接的劳动教育课程体系时，首先要确保构建一个大中小学相互衔接的劳动

教育课程框架。其次，根据不同学段劳动教育内容的不同侧重点，发现构建大中小学劳动教育课程有效衔接的关键点，实现纵向衔接与横向贯通。纵向衔接主要指大中小学不同层级（学段）劳动教育课程之间的连续性，缩小不同层级学习的间距，实现学习阶段的顺利过渡；横向衔接主要指大中小学各学习阶段中劳动教育课程与其他各类、各门课程之间以及课程不同部分之间相互联系、有机衔接。各学段劳动教育课程，应超越具有严密的知识体系和技能体系的学科界限，注重知识和技能综合运用，注重引导学生在劳动过程中开展多样化的实践学习，以有效培养和发展学生综合实践能力为目的。在课程内容的组织上，上下学段间组织的内容要具有渐进性，同一学段内组织的内容要具有结构性。上下学段间的劳动教育课程内容应逐步递增、循序渐进。

当前国家对劳动教育课程设置的相关要求见表5-1。

表5-1　当前国家对劳动教育课程设置的相关要求

学段、类型	课程性质	学时要求	内容要求
中小学	必修课	平均每周不少于1课时	用于活动策划、技能指导、练习实践、总结交流等，与通用技术和地方课程、校本课程等有关内容进行必要统筹
职业院校		不少于16学时	开设专题必修课，主要围绕劳动精神、劳模精神、工匠精神、劳动组织、劳动安全和劳动法规等方面设计
普通高等学校		不少于32学时	将劳动教育纳入专业人才培养方案，明确主要依托的课程，可在已有课程中专设劳动教育模块，也可专门开设劳动专题教育必修课

3. 落实协同育人机制，推进一体化劳动教育实施

大中小学劳动教育一体化是一个动态延伸、持续运行、有效整合的共生发展过程，亟须构建与之相适应的有效运行机制。一是注重各学段劳动教育衔接的耦合度，促使运行机制趋于协同化。各级教育决策管理部门要系统考查各学段劳动教育目标设置和内容安排的合理性与梯度性，使各学段层级目标在运行过程中有序开展，形成各学段教育内容一体化链条，实现大中小学劳动教育实施推进的多样化与协同化。二是加大劳动教育资源整合的统筹性，建立资源共建共享机制。各级教育决策管理部门需要统筹规划，深度发掘各学段的劳动教育协同育人资源，合理优化配置资源供给，积极探索共建校内外教育资源联合共同体，协同多方资源为大中小学劳动教育一体化运行提供保障支撑，逐步改变劳动教育育人孤岛状况，助推实现劳动教育一体化建设，实现从点到面的兼顾与均衡。

4. 加强优化顶层设计，完善一体化劳动教育保障

在我国现行的教育管理体制下，大中小学劳动教育一体化的运行离不开行政手段的宏观调控。教育行政管理部门需要统筹规划，充分发挥各级教育行政管理部门的主导作用，提高政府在大中小学劳动教育一体化发展中的制度供给与政策保障能力，形成政府主导、统筹管理、大中小学配合的相互协作又各具特色的劳动教育联动机制。在纵向上，各级政策要上下衔接，形成一个有机的支撑保障系统；在横向上，教育系统内部教育政策和外部社会政策要相互匹配而形成劳动教育合力，尤其要发挥社会政策对劳动教育的良性支持与促进作用。教育行政部门要善于将制度优势转化为治理效能，调动多方力量，构建各学段以及学校、家庭与社会的互联互动、协调一致、高效运行的沟通交流机制与服务支持体系，不断化解和修正大中小学一体化管理机制出现的分歧与矛盾，营造大中小学劳动教育一体化建设的良好内外部环境，切实解决当前存在的治理错位、缺位现象。同时，还要建立贯通大中小学的劳动教育质量监测制度，建立标准健全、目标分层、多级评价、多元参与、学段完整的教育质量监测体系，打破各个学段各自为政的局面，推动多元主体共同参与大中小学劳动教育一体化治理。

二、中观：高职院校劳动教育课程体系"重塑"维度

2018 年以前，劳动教育包含于德育之中，是德育的一部分。如以往的"三好"学生即品德好、学习好、身体好，是"德智体"三方面综合发展的指称。自 2018 年全国教育大会开始，劳动教育被赋予新的时代内涵。会议明确党的教育方针是培养德智体美劳全面发展的社会主义建设者和接班人，将教育方针由"德智体"扩展为"德智体美劳"五育并举。2021 年 4 月，习近平总书记对职业教育工作作出重要指示强调："在全面建设社会主义现代化国家新征程中，职业教育前途广阔、大有可为。"[①] 其中，有关弘扬工匠精神、提高技术技能人才社会地位等重要论述包含着对劳动价值的科学阐发。新时代，伴随劳动教育重新回到党和国家的教育方针中，以及国家对职业教育的大力推动，有必要对此前的劳动教育进行总结反思，"重塑"高职院校课程体系，形成具有综合性、实践性、开放性、针对性的劳动教育课程体系。

（一）树立全课程劳动育人理念

理念是行动的先导。从劳动产生发展的历史过程看，劳动贯穿人类社会产生发展的全过程，覆盖了人类生产生活的各个相关领域，具有广泛性、复杂性和多

---

① 《习近平对职业教育工作作出重要指示》，新华网，2021 年 4 月 13 日。

样性的特点,具备丰富的育人功能。正确认识和理解劳动,树立正确的劳动价值观,是实现人的自由全面发展的必要条件。劳动的丰富育人功能既体现在多姿多彩的日常生活中,也集中体现在学校教育过程中。在学校教育中,则以课程为主要载体实现劳动的育人功能。各类课程中都蕴含着丰富的劳动思想,只有通过实施全课程劳动育人,才能达到精准高效的育人效果,而不是仅仅通过一门或几门或是某一类课程实现。

1. 锚定劳动课程"育人"的价值坐标

"劳动"与"育人"辩证统一于课程建设的具体形态之中。锚定"育人"为劳动课程的价值追求,是实现劳动课程育人的逻辑起点。无论是在我国立德树人根本任务的统筹下,还是在无数思想家、教育家的理论中,"育人"始终是一门课程最直接且毫无争议的建设起点与最终归宿。明确并坚定这一点,是进行劳动课程建设的基本前提,也是实现劳动课程育人的逻辑起点。从劳动课程的发展历程可以看出,虽然始终强调劳动课程的育人属性,但在实践中,劳动的教育性却常常被其生产性所遮蔽甚至消解,这就使得人成为劳动的附庸,劳动却成为课程的主体。就此而言,厘清劳动课程中"劳动"与"劳动教育"的关系,是新时代锚定劳动课程"育人"价值坐标的客观需要。

考查劳动课程发展历史不难发现,我国对"劳动"与"劳动教育"的关系主要有三种解释。一是将"劳动教育"中的"劳动"视作形容词,即将"劳动教育"理解为"具有劳动性的教育"。[①] 在这种解释中,劳动教育并非某一种教育类型,而是整个教育,意即为避免教育与生产劳动相脱离造成的人的片面发展,整个教育必须与生产劳动相结合。这是一种广义的以促进人的全面发展为目标的劳动教育。二是将"劳动"作为进行"劳动教育"的资源,即将劳动视为一种蕴含丰富育人价值的教育载体,但载体意义上的"劳动"育人价值并不是不言自明的,要发挥其育人功能,需要充分挖掘其中的隐性育人资源并引导学生认识进而内化为自身品质素养。三是将"劳动教育"中的"劳动"作为其所追求的目标,将"劳动教育"理解为"为了劳动的教育"。[②]

以上三种关于"劳动"与"劳动教育"关系的解释,为当前劳动课程育人的价值定位提供了不同的观察视角。从宏观上看,广义上作为"五育"之一的"劳动教育"要求新时代劳动课程应充分发挥其"德智体美"的综合育人价值;作为载

① 班建武:《劳动与劳动教育的关系辨析及其实践意义》,《广西师范大学学报》(哲学社会科学版)2021年第2期,第51~60页。
② 郑金洲:《劳动教育的"自立性"辨析:兼谈黄济、瞿葆奎先生的为学与对劳动教育的论辩》,《教育研究》2021年第2期,第35~44页。

体的"劳动教育"要求劳动课程应正确定位"劳动"在课程中承担的载体地位，善于挖掘劳动中所蕴含的育人价值并以此引导学生发展；而为实现"劳动"的目标，劳动课程也应把握课程重点，着重培养学生的劳动价值观与劳动素养。因此，新时代劳动课程既要聚焦培养学生良好劳动素养的育人价值重点，也要积极履行培养德智体美劳全面发展的人的价值目标。而无论基于何种解释，"育人"始终是其最核心、最本质的价值追求。只有始终锚定"育人"的劳动课程价值坐标，才能有效避免"劳动"对"人"的僭越，使劳动课程回归育人本质。而这，也是新时代劳动课程建设的逻辑起点。

2. 搭建高职院校"五育联动"的育人路径

如何将劳动课程的育人价值落到实处，是高职院校劳动课程建设的核心问题。发挥劳动课程育人价值，聚焦培养学生正确的劳动价值观与提升他们的劳动素养，积极培养全面发展的人，应搭建起以劳动课程为核心的五育联动的育人路径，此为发挥劳动课程多层次育人价值的必由之路。提升劳动教育的育人质量与水平，必须确保劳动课程开足、开好。作为"五育"之一，劳动教育具有不同于其他四育的特殊存在价值，而劳动课程实施作为劳动育人的主渠道，彰显着劳动教育得以是其所是的本质要求。21世纪以来，我国将劳动教育纳入综合实践活动的实施效果不佳，就在于其抹杀了劳动课程本身独特的存在意义，使得劳动教育的概念过于宽泛而失去焦点。因此，要最大限度地发挥劳动教育的育人价值，就要确保劳动课程的学科地位，将学时开足，将课程开好。

然而，要培养具有良好劳动素养的全面发展的人，仅依靠劳动课程本身难以完成。一方面，就劳动课程所要解决的问题——学生不愿参加劳动以及缺乏劳动技能的现实来看，仅依靠劳动课程难以扭转学生轻视劳动与劳动者的价值观念。这是因为，人们轻视劳动与劳动者的看法并不是偶然形成的，而是传统社会中长期存在的体力与脑力的社会分工及其所象征的社会阶层与地位在人们头脑中的映射。对此，仅依赖劳动课程难以从根本上纠正劳动与劳动者在学生心中的象征意义，这就需要包括德智体美在内的整个教育都要与生产劳动相结合而具有劳动性。另一方面，就劳动课程"谁来教、去哪里教"的关键问题来看，将劳动课程与其他四育结合起来实施，既有利于解决劳动课程的师资问题，又有益于充分发挥劳动中所蕴含的树德、增智、强体、育美等综合育人价值，为"体脑结合""教劳结合"提供了得以实现的可能性。

在教育实践中普遍存在一种观念，认为劳动育人课程主要是指专门设置的劳动教育必修课程。在《意见》出台前，高校没有开设劳动教育必修课程的明确要求，主要通过人文类通识教育课程，特别是思想政治理论课程来融入劳动教育内容，培养学生的劳动品质、工匠精神。专业课程主要负责知识和技能的传授，与劳动教育没有必然联系。在这种观念的影响下，专业课程与劳动教育课程呈现互相割裂、各自为战的状态。专业课程负责知识传授，劳动教育课程、通识教育课程特别是思想政治理论课程负责思想育人，劳动教育内在地包含于思想育人之中，劳动育人的观念和边界比较模糊。落实《意见》要求，有必要对原有的课程育人理念进行反思，树立全课程劳动育人理念，使每一门课程都承担起应有的劳动育人职能，重塑新时代劳动教育课程体系。如在高职院校人才培养方案中，有大量的专业实习实训课程，并规定了相应的学分。在实训过程中，学生在老师的指导下，在模拟真实的生产环境中，动手动脑，培养技能。在实习过程中，学生进入到真实的工作环境，与熟练工人一起现场挥汗，面对问题、处理问题。这些是专业课程，同时也属于典型的劳动课程，培养了学生分析问题、解决问题的能力，一定程度上实现了劳动教育的目标。

3. 培养高职"复合型"人才的价值旨归

劳动是人类最基本、最重要的日常实践活动，教育作为人类的一种特殊实践，理应以劳动世界为根本朝向。换言之，劳动教育应是全部教育实践的底蕴与底色，培养劳动者应是全部教育的真义，这是教育最直接的使命。教育必须培养能够创造物质财富的劳动者，并在此基础上把创造物质财富的劳动视为人的本质力量的对象化，视为实现个人和人类解放的自由活动。[①]

党的二十大报告深刻指出，教育、科技、人才是全面建设社会主义现代化国家的基础性、战略性支撑；必须坚持科技是第一生产力、人才是第一资源、创新是第一动力，深入实施科教兴国战略、人才强国战略、创新驱动发展战略，开辟发展新领域新赛道，不断塑造发展新动能新优势。党的二十大首次把大国工匠和高技能人才纳入国家战略性人才，成为国家教育链、人才链、创新链中不可或缺的一环。教育的本质是培养人才，科技的本质是解放和发展生产力，教育为科技进步提供源源不断的人才支撑，科技也为教育发展持续赋能。[②]高职院校面临着落实好党和国家提出的这一人才培养战略目标，以职业教育之为，贡献教育强国、制造强国之力的重要使命。

高职院校到底要培养什么样的人才呢？市场需求是主导。不缺研发设计人员，也不缺一线操作员，但兼具两方面技能的现场工程师十分紧俏——这是如今不少制造业企业面临的共性问题。[③]教育部办公厅印发通知，开展第一批现场工程师

① 陈理宣、刘炎欣：《基于马克思主义实践哲学的教育问题研究》，人民出版社2020年版，第334页。

② 侯万军、辛越优、马继伟：《坚持教育、科技、人才"三位一体"统筹推进》，《光明日报》2023年12月6日。

③ 韩春瑶：《为产业迈向中高端培养复合型人才》，《人民日报》2023年3月23日。

专项培养计划项目申报工作。随着申报工作有序推进，相关部门遴选发布人才紧缺技术岗位需求，对接匹配职业教育资源，探索形成现场工程师培养标准，这将为突破制造业复合型人才不足的瓶颈探索新路径。"复合型"人才的特征主要体现在文化素养、信息素养和专业素养三个方面，这就需要构建与其相对应的课程体系。课程体系不等于开设大量的文化基础课程，也不是在课程中呈现大量的理论知识，因为职业教育是区别于学术教育的另一种教育类型，要遵循职业领域的工作逻辑，如果不经过深入地研究社会的产业形态、学生及专业的特征就无法进行科学的课程体系设计。

高职教育侧重的是技术技能教育，目的是提高劳动者素质，解决的是劳动技能和劳动效率的问题。而劳动教育侧重的是劳动观教育，目的是解决"劳动是什么？为什么劳动？为谁劳动？"的问题。高职教育如果不注重劳动教育，会变得只有皮囊没有灵魂，变为纯粹的技术教育；而高职院校的劳动教育如果不融入职业教育，就会与培养大国工匠、能工巧匠的人才培养目标相脱离，成为单纯的理论教育。因此，劳动教育只有与高职教育融为一体，才能实现高职教育培养"复合型"人才的目标，助推高职教育高质量发展。

（二）建立全课程劳动育人机制

机制是运行的规范。在我国现行教育管理体制下，全课程劳动育人的有效实施离不开行政手段的宏观调控。高职院校党委要认真落实《意见》要求，统筹规划，充分发挥各行政管理部门的主导作用，提高制度供给与政策保障能力，形成党委领导、部门落实、主体协调、评价客观的劳动教育领导体制和工作机制。

1. 建立"自上而下"的领导工作机制

贯彻落实党和国家对于劳动教育的有关要求，既是高职院校的工作内容，更是政治任务。学校党委要从战略全局高度认识和把握其重要性与紧迫性，成立劳动教育工作领导小组，定期开展专项研究，对劳动教育工作进行顶层设计，制定总体规划，出台相关政策，健全配套措施，给予经费支持，全面部署学校劳动教育工作，协调好各教学单位和相关职能部门有序开展劳动教育工作。学校依托全国职业院校文化素质教指委、劳动教育研究院等平台，设立劳动教育中心，统筹推进课程设计、考核评价、文化宣传、科学研究和安全保障等劳动教育工作。

《意见》提出了"全面构建体现时代特征的劳动教育体系"的新要求。综观高职院校开展劳动教育的实际状况，还存在价值矮化、内容窄化、形式泛化、机制虚化的误区，与劳动教育体系缺位、缺失有直接关系。[1]高职院校应在把握劳动

---

[1] 刘娜：《新时代高校劳动教育的多维向度》，《黑龙江高教研究》2020年第11期，第27~30期。

教育内涵的基础上，加快构建符合高等教育特点和目标的劳动教育体系，围绕培养大学生创造性地解决实际问题的能力，把劳动教育目标树起来。当前，我国经济正处于产业结构转型升级的转轨期，对创新型和技术型人才需求旺盛，在劳动教育中要有针对性地培养学生改革创新精神和工匠精神，提高学生的创新思维能力和职业技能水平。高校要把劳动教育必修课开出来，建立相应的课程体系，课程设置要高标准；要把学生课外劳动实践时间定下来，形成周密的实践教学计划和安排；把考核评价体系建起来，强化对劳动素养评价结果的应用，使劳动教育评价"硬"起来；要加快劳动教育师资队伍和教材体系建设，完善劳动教育相关保障。要将劳动教育规划纳入高校人才培养全过程，使新时代劳动教育体系更加完善，全面落实党中央关于劳动教育的新要求。

2. 建立"协同推进"的责任落实机制

学校各教学单位和部门根据具体职责，聚焦全课程劳动育人具体实施，多向联动、多方协调，形成多维发力的育人空间。教务部门将劳动教育新要求有机融入人才培养方案，制定劳动实践课程的实施与考核方案，将劳动教育与专业教育、通识教育和创新创业教育有机结合，统筹推进规范化、制度化。人事部门出台评价和激励机制，把教师指导学生劳动实践计入教学工作量，并纳入教师职称评聘和年度考核环节。学工部门将劳动教育纳入学生综合评价体系，将劳动教育实践活动成绩纳入学生评优、推优入党等指标体系中，依托劳动素养监测档案等材料做好劳动教育记录，突出发展性、过程性和质性评价。科研部门加大对劳动教育类科研和教改课题的支持和培育力度，深化劳动教育的理论研究与实践创新。宣传部门负责宣传推广学校劳动教育所取得的成果。各教学单位积极主动对接学校全课程劳动育人的要求，探索课程与劳动教育的结合点，提升育人实效。

协同推进就是改变劳动教育单兵作战格局，构建学生主体、教师主导、集体参与的教育新局面。对于高职院校来说，认识性和创造性劳动是劳动教育的核心特征。首先，高职院校开展劳动教育要突出学生的主体作用，要将学生作为活动的"参与者""组织者""实施者""设计者"，而不是单纯地作为教育的"对象"，在开展劳动教育过程中，充分调动学生在其中的感知、思考以及行动，通过让学生身体"在场"的劳动体验，实现由"身"到"心"知行合一的劳动教育。[①] 其次，要充分发挥教师的主导作用。教师是一定社会教育目的的实现者、系统知识的传授者、教育活动的组织者和学生学习活动的引导者。教学是师生间的双边活动，教为主导，学为主体，劳动教育必须充分发挥教师的主导性作用。教师要围绕"培

---

① 岳海洋：《新时代加强高校劳动教育的价值意蕴与实践路径》，《思想理论教育》2019年第3
期，第100~104页。

养什么样的人、如何培养人以及为谁培养人"这个根本问题加强劳动教学设计和教学引领，不仅要传授劳动理论、劳动技能，还应该"对劳动者在劳动中展现的精神状态、精神面貌、精神品质进行价值塑造"[①]，实现塑造学生的技能、身体、精神的有机统一，促进学生的全面发展。最后，充分发挥学校各部门、各类组织的作用。劳动集体是劳动教育的目的、对象和手段，因此要为了集体、在集体中、通过集体来开展劳动教育。[②]劳动教育要充分发挥多元主体的育人作用，实现劳动教育由"孤岛化"升华为"全员化"的大兵团作战，整合协同学校各项教育工作、各项育人元素，发挥共青团、学生会、社会团联和各类学生社团、寝室等校园组织的育人作用，打造全方位、立体式的育人时空，由育人的"单"转化为"全"，形成劳动教育修炼的"大熔炉"。

3. 建立"网格化"的信息反馈机制

教师、学生和用人单位是全课程劳动育人的终端和重要参与主体，他们对全课程劳动育人实施状况的感受最为真切。采用网格化的工作机制，调动学校、企业、教师、学生和社会的要素，建立劳动教育的工作网格，通过定期开展座谈会、调查问卷、深度访谈等形式，深入了解师生和企业对此项工作开展过程和效果的评价，听取他们的意见建议，及时调整思路，真正将工作落到实处。

（三）完善全课程劳动育人保障

保障体系是有效落实的保证。高职院校劳动教育课程体系的重塑离不开健全完善的保障体系。

1. 多渠道拓展实践教学场所

劳动教育需要必备的教育"空间"和"场域"，不能局限于课堂的理论灌输，更重要的是让学生走入实践，在实践中体会劳动教育的独特育人价值。因此，高职院校要充分发挥自身专业优势，加强实践教学基地的开辟和建设，与课堂教学相辅相成，促进大学生知行合一。劳动与实践之间有着天然的密切关系，劳动是实践的初始形态，是实践的本质。因此，劳动教育本身具有丰富的实践性。在实践中加强劳动教育，是获取劳动知识的重要载体，是验证和升华劳动知识的重要手段。习近平总书记多次指出，幸福是奋斗出来的，社会主义是干出来的，强调了劳动与实践的统一性。因此，劳动育人不能局限于课堂理论灌输，更要注重拓

① 赵美艳、隋宁：《新时代劳动教育的意涵建构与现实审思》，《沈阳师范大学学报》（社会科学版）2020年第3期，第33~39页。
② 胡君进、檀传宝：《劳动、劳动集体与劳动教育：重思马卡连柯、苏霍姆林斯基劳动教育思想的内容与特点》，《国家教育行政学院学报》2018年第12期，第40~45页。

展实践场域。高职院校要依托校内外资源，创新劳动育人实践，延伸第二课堂，逐步形成第一课堂与第二课堂相互融合、深度支撑的劳动育人体系。

第一，校园场所作为劳动教育开展的主阵地，是培养学生日常生活劳动能力和意愿的主要场所，学校应按不同的主题利用校园场所对学生进行日常生活劳动教育。将校园环境建设、校园文化建设等作为劳动教育的主题，引导学生针对性地进行校园劳动。

第二，学校应结合当地红色基地，对学生开展思想政治教育，利用好红色基地资源，组织引导学生进行红色宣讲、红色志愿者等活动，在思想政治教育中融入劳动教育。同时，结合"乡村振兴"主题，组织学生赴学校对接的"乡村振兴"基地调研，开展对应帮扶工作，进行乡村振兴宣传、入户政策宣讲、旅游资源开发、电商义卖等活动。通过对接实际场所，将劳动教育从校园延伸至社会、从劳动延伸至思政、从课堂延伸至乡间田野。

第三，学校应结合各自专业办学特色，将劳动教育基地开进实习实训基地，适当提高相关学时学分，对学生进行专业技能劳动教育。除了教学大纲所要求掌握的技能外，还需适时地结合省、市、校相关技能竞赛，对学生的劳动创新能力进行培养。

总之，劳动实践基地除了承载单一的劳动功能以外，还需要针对不同年级不同专业学生的培养进度，适时开展相关劳动教育实践课程。

2. 多举措加强人才队伍建设

教师是推进全课程劳动育人实施的关键因素。合格的劳动教育教师要能胜任劳动必修课教学任务，科学地组织劳动项目开发与劳动实践指导活动；要充分了解道德与法治、科学、信息技术等课程中的劳动教育要求，组织好劳动教育的跨学科主题学习活动；要有效指导、督促家庭开展劳动教育；要与校外兼职教师协同开展好学校的劳动教育工作；还要组织开展好学生劳动素养的过程性评价与学段综合性评价等。[①] 构建一支多元化教师团队，是高职院校推进全课程劳动育人的战略工程，主要包括以下三支队伍。一是既理解劳动教育原理，又谙熟高职教育规律的"理论型"专业教师。鼓励教师从劳动科学理论中吸取理论营养，积极挖掘劳动知识生长点，把学科理论中的意蕴、哲思、理趣融为一体，使劳动教育理论课"形质兼美"。二是既掌握劳动学科理论，又具有劳动实践的"双师型"专职教师。通过区域校企合作构建双师孵化平台，打造一支专兼结合、技术精湛、充满活力、覆盖学科领域的"高职工匠之师"。三是既能与企业合作，实现学生工学交替，又精通各行各业核心技能技巧的"社会型"兼职教师。聘请劳动模范、

---

① 徐倩、张滢、张远：《劳动教育本科专业建设如何发力》，《中国教育报》2022 年 10 月 21 日。

大国工匠、创业标兵等各行各业的劳动者担任高职院校劳动课程"社会型"兼职教师，实现社会需求与人才培养零距离对接。

劳动必修课的设置，必然要求配备一定数量的专任师资，以保证劳动教育的实施质量。为了配备数量充足、质量合格的劳动课教师，《意见》明确要求"有条件的师范院校开设劳动教育相关专业"，《指导纲要》也重申了这一要求。劳动课程的顶层架构已经具备，问题也随之浮出水面：相应的劳动教育师资从何而来？开设劳动教育专业，为大中小学培养劳动教育师资，是高等院校的重要任务和使命，也是新时代高校发展的重要机遇。2022年2月，劳动教育作为教育学学科门类下的新专业列入《普通高等学校本科专业目录（2022年版）》。当年5月，教育部批准开设劳动教育本科专业。中国劳动关系学院和天津职业技术师范大学成为我国首批设置该专业的两所高校，并于2022年9月迎来该专业首届大一新生。这一系列事件背后，既有全面落实党的教育方针、扎实推进新时代劳动教育高质量发展的长远布局，又有高等教育领域推进劳动教育专业化发展、进行专业化人才培养的重要探索。"天津职业技术师范大学对劳动教育专业的定位是，以工程化教育理念为指导，以学校已有的'工学完整、师范导向'的专业基础为依托，彰显育人导向、专业化内涵与工程化实践，培养'一专多能'的劳动教育教师"，天津职业技术师范大学副校长吕景泉表示，这一定位契合学校"工学结合、知行合一"的办学特色，强化学校作为"中国培养职教师资的摇篮"的独特优势。[1]"一专"是把专业定位为教育学，培养学生具备进行劳动教育教学的能力。"多能"是充分利用学校国家级工程实训中心、国家级世界技能大赛中国研究中心以及1 638平方米劳动教育综合情景工作坊等，培养学生以工为主的多项劳动技能。在现有条件下，高职院校推进全课程劳动育人，主要从以下四个方面加强师资培养。

第一，内培外引、组建队伍。高职院校开展劳动教育的师资构成，应以公共基础课教师和实习实训指导教师为主，其他教师、管理人员、社会力量共同参与。高职院校需要以系统性思维和前瞻性视域进行整体推进，坚持内培外引并重，构建一支专兼结合、校内校外协同参与的劳动教育师资队伍，从源头上保障劳动教育师资的数量和质量，为劳动教育的顺利开展提供有力保障。一是要把适应新时代劳动教育需要的师资队伍建设工作纳入学校整体规划，加强对劳动教育重要性和必要性的宣传教育，引导全体教职工全面认识新时代劳动教育的内涵、目标和要求，纠正认知偏差，把准劳动教育价值取向，为学校实现"全员、全过程、全方位"劳动教育筑牢思想认识基础，形成人人参与劳动教育的良好氛围。二是要从劳动教育的实际需求出发，配备必要的专职劳动教育教师。学校人事部门要结

---

[1] 徐倩、张滢、张运：《劳动教育本科专业建设如何发力》，《中国教育报》2022年10月21日。

合专业特色，有计划地在校内遴选、从校外引进一定数量具有劳动教育相关专业背景的高素质人才，以解决现阶段专职劳动教育教师相对较少的问题，并通过这部分教师以点带面、点面结合，逐步提升教师队伍整体的劳动教育素养和劳动育人能力，促进全校形成全员参与劳动教育的良好局面。三是要积极寻求社会力量的支持，坚持"走出去""引进来"，多渠道引入社会力量共同参与学校劳动教育。学校要充分挖掘政府、企业、校友等多方社会资源，加强合作交流，建立一定数量的劳模工作室、技能大师工作室，聘请劳动模范、行业专家、技能大师、优秀校友等担任劳动教育导师，通过开展"劳模大讲堂""大国工匠进校园""优秀校友面对面"等活动，带领学生感悟劳动精神、锤炼劳动技能，培养学生精益求精、追求卓越的劳动品质。

第二，机制激励、增强动力。为建设适应新时代劳动教育需要的师资队伍，高职院校要将劳动教育教师激励机制纳入顶层设计，不断提升教师队伍的劳动教育参与度。在人才培养过程中，既要充分彰显劳动教育的时代特征，扣紧劳动教育的时代内涵和时代要求；又要突出教师在新时代劳动教育中的重要地位，注重发挥其主导作用，鼓励更多的教师积极投身于劳动教育，最大限度实现劳动教育综合育人价值。一是要遵循教师成长发展规律，在创新激励机制上下功夫，打破原有制度壁垒。对于在劳动教育实施过程中表现优异、成果突出的教师，在绩效考核、职称评聘、评先评优、专业发展等方面可优先考虑，鼓励更多的教师立志成为专职的劳动教育教师。二是通过劳动教育课程设计、劳动教育故事征集等活动，让专业课教师把更多劳动教育元素带进课堂，融入专业课程和实习实训环节，促使更多优秀教师成长为"双师型"教师；探索建立劳动教育教师特聘制度，为学校聘请具有实践经验的社会专业技术人员、劳动模范等担任兼职教师创造条件，让更多有教育情怀的社会精英走进校园，讲述劳动故事，传播劳动美德。三是注重发挥科研的引领作用。加大对劳动教育教科研工作的政策扶持和资金支持力度，将劳动教育教学成果纳入学校教学成果评奖范围，改变当前劳动教育缺少教科研氛围、缺乏可借鉴经验的困境，鼓励广大教师积极开展劳动教育课题研究，定期举办劳动教育发展论坛以及劳动课程建设专家报告会、现场观摩会、经验交流会，不断深化劳动教育教学改革，加快劳动教育特色课程体系建设，促进教师在劳动教育的理论研究和实践探索上出成果。

第三，系统培训、提高水平。《指导纲要》明确指出，高等学校要把劳动教育纳入教师培训内容，开展全员培训，引导全体教师正确认识劳动教育的内涵、目标和要求，提升实施劳动教育的自觉性，并对劳动教育通识课教师、专业课教师和实习实训指导教师进行有针对性的专项培训，提高劳动教育的专业化水平。一是由学校人事、教务部门牵头，把劳动教育纳入教师培训体系，开展全员培训，明确培训目标，使全体教师对劳动教育的重要性和必要性达成共识；创新培训方式，通过参与式、案例式、体验式等方式，提高培训实效，在校园内形成浓厚的劳动文化氛围。二是对承担劳动教育通识课程的教师进行有针对性的专项培训，特别是要加强对劳动法律、劳动经济、劳动关系、劳动社会保障等劳动科学知识的传授，逐步构建科学的劳动教育理论体系和学科体系，不断提高专职劳动教育教师的理论素养和专业化水平。三是以二级教学单位为主体，有效调动专业课教师和实习实训指导教师的积极性。一方面，充分挖掘现有师资的潜力，发挥"双师型""专家型"教师优势，不断壮大具有新时代劳动观的复合型教师队伍。另一方面，鼓励教师通过挂职锻炼、学习进修等方式积极参加与其专业研究领域相关的实践和行业内外的专业技术活动，不断提升实践技能，解决教师将劳动教育融入专业教育过程中存在的教学方法单一、考核方式随意等问题，提高教师开展劳动教育的本领，使教师具备在专业教育中能够挖掘本专业大国工匠和劳动模范等特色资源、在实习实训中能够强化学生劳动观念并提升学生劳动技能水平的能力。

第四，多元评价、提升实效。高职院校应根据新时代劳动教育要求和内部治理体系建设实际，对教师开展劳动教育提出明确要求，建立多元化的评价机制，实现对教师劳动教育行为和质量的综合考核，并在此基础上科学分析考核结果，提升教师队伍开展劳动教育的规范性、主动性和积极性，不断提升教师队伍整体的劳动教育水平。一是要精准分析学校自身发展定位，不断完善劳动教育体系，明确不同岗位教师开展劳动教育的刚性要求，将劳动教育纳入教师每学期工作量，要求他们在劳动教育课程设置、劳动教育实施过程、学生劳动意识养成及其考核评价等方面发挥主导作用，要将劳动教育要求融入教师的日常教育教学中。二是要建立学校、教师个人、教师同行、学生等多层面、多元化、全过程的考核评价制度，制定具体的、切实可行的量化考核办法，明确教师开展劳动教育的工作内容和考核要求，细化考核指标，突出规范化和标准化，提高教师开展劳动教育行为和质量的量化考核水平。三是要注重考核结果运用，最大限度发挥考核"指挥棒""风向标"的作用。一方面，在全面客观分析考核结果的基础上，对考核过程中存在的不合理、不科学的指标加以修正完善，针对不同岗位的教师分类优化考核评价体系；另一方面，将该考核结果与教师年度考核挂钩，以考核来促进劳动教育的真正落地。

3. 多形式营造文化生态系统

从劳动与文化的关系来看，一方面，劳动创造文化，劳动是人类灿烂文明成果成就的根本动力；另一方面，劳动具有文化属性，劳动教育亦是人类劳动成果与文明进步的具象表征之一。① 劳动教育作为高职院校文化生态的重要构成要素，对新时代校园文化生态及其系统的功能作用的充分实现具有重要意义。

第一，高职院校劳动育人文化系统，在方向上要观照学校精神和马克思主义劳动观。学校精神是一所高职院校自身存在和发展中所形成的具有独特气质的文明成果，是科学精神和人文精神的具体凝聚，对学校的生存发展起着重要作用。德国哲学家雅斯贝尔斯认为："大学是研究和传授科学的殿堂，是教育新人成长的世界，是个体间富有生命的交往，是学术勃发的领地。"② 对此，新时代高职院校劳动教育文化生态系统的建构在方向上应先观照学校精神。在学校固有的办学历史、办学理念之下，结合社会职业发展赋予高职院校人才培育、科学研究、社会服务等的相关要求与期待，充分挖掘学校精神中的劳动元素，积极赋能劳动教育精神文化，为学校劳动教育文化生态的打造积淀历史底蕴以及夯实文化根基。处处时时显现学校精神的劳动教育精神文化，不仅可以成为高职院校落实立德树人根本任务、培育新时代高素质劳动者的重要精神力量，更可以成为高职院校教育教学改革过程中彰显文化自觉与自信，凝练中国特色、中国风格与中国气派的重要文化媒介。马克思主义劳动观是新时代大学劳动教育文化生态系统建构在方向上应始终坚持的基本原则。马克思认为，劳动是以人自身的活动来中介、调整和控制人和自然之间的物质变换的过程。③《指导纲要》指出，新时代的劳动教育具有鲜明的思想性，必须将马克思主义劳动观贯彻始终，强调劳动是一切财富、价值的源泉，劳动者是国家的主人，一切劳动和劳动者都应该得到鼓励和尊重。因此，新时代大学劳动教育文化生态系统建构应在此基础上深刻把握劳动教育的时代内涵，明确大学劳动教育的现实任务，把握育人导向，遵循教育规律，帮助大学生深刻理解马克思主义劳动观和社会主义劳动的关系，引导大学生有针对性地参加日常生活劳动、生产劳动和服务性劳动，牢固树立劳动最光荣、劳动最崇高、劳动最伟大、劳动最美丽的观念，掌握满足生存发展需要的必备劳动技能，从而全面提高大学生适应未来挑战的劳动素养，为中国特色社会主义建设培养德智体美劳全面发展的高素质劳动者。

第二，高职院校劳动育人文化系统，在内容上要融合劳动教育文化系统与环境系统。高职院校劳动教育文化生态系统的形成及运行，不仅需要文化要素作支

① 张玉、罗生全：《新时代大学劳动教育的文化生态及其系统的建构策略》，《教育与教学研究》2023 年第 5 期，第 64~78 页。

② 雅斯贝尔斯：《什么是教育》，邹进译，生活·读书·新知三联书店 1991 年版，第 150 页。

③ 马克思：《资本论：第一卷》，人民出版社 2018 年版，第 207~208 页。

撑，还需要一定的空间作承载，以环境系统为支撑从外部保障系统的合理流动。①
这里的环境系统是指高职院校劳动教育实施过程中所必须且具有外显性的环境文
化，主要指劳动教育开展所必需的物质环境、技术环境、网络环境与家校合作环
境。其中，尤其要关注物质环境与技术环境对高职院校劳动教育文化生态系统建
构的现实挑战。物质环境主要指劳动教育文化生态系统的内容完善要扎根学校的
办学实际，即高职院校劳动教育文化生态系统的建构要充分考虑学校自身的类型
归属以及培养对象层次，合理设置劳动教育的内容、形式与评价手段。技术环境
则意在强调劳动教育文化生态系统建构在环境文化的营造上需积极响应时代发展
需求。当下，人工智能时代的到来已深刻改变着劳动的既有形态与方式，促使劳
动教育的意蕴产生新的变化。②在人工智能的助力下，不少机器劳动被升级为智
能劳动。智能劳动亦成为人类劳动的主要形态，给人类的生存习性、劳动习惯、
劳动方式等带来颠覆性的改变。面对人工智能时代对劳动教育的现实挑战，高职
院校应针对劳动教育新形态，在劳动教育理念、形式、方法、评价上进行大胆创新，
合理规划手工劳动、机器劳动、智能劳动在课程内容中的比例，积极打造多维时
空的智慧劳动学习空间，从而系统完善高职院校劳动教育精神文化与环境文化。

第三，高职院校劳动育人文化系统，在运行上要兼顾内部要素平衡与外部生
态秩序。高职院校劳动育人文化生态系统作为一个动态的开放系统，系统内部各
要素不断与社会环境进行信息、能量的交换，在矛盾冲突的演化发展中实现系统
内外的动态平衡、和谐共生。对此，新时代高职院校劳动育人文化生态系统建构
还应在组织运行上兼顾系统内部的要素平衡与系统外部的生态秩序。一方面，关
注劳动教育文化生态系统内部的要素平衡。高职院校劳动育人文化生态系统的环
境文化、精神文化、制度文化与行为文化各要素在内容和功能上既要有一定的区
分度，以确保其存在的相对独立性，又要坚持高职院校劳动育人文化生态系统构
建在理念、内容、评价等方面的方向一致性。为此，还需建构基于治理能力与治
理体系现代化特征的劳动育人文化生态系统监督管理机制，规范生态系统内主客
体的权责运行，努力营造健康积极的高职院校劳动育人文化氛围，为全面提高高
职学生的劳动素养提供和谐有序的劳动教育文化熏染。另一方面，兼顾劳动育人
文化生态系统外部的生态秩序。高职院校劳动育人文化生态系统在建构过程中，
应努力建构基于学校、社区、政府、家庭、校外劳动教育实践基地的"五位一体"

① 谢小平、梁徐静：《文化生态系统视角下高校体育教学评价的反思》，《广州体育学院学报》
2016年第3期，第117~120页。
② 张家军、吕寒雪：《人工智能时代劳动教育的价值意蕴、可能困境与突破路径》，《广西师范大
学学报》（哲学社会科学版）2021年第2期，第61~71页。

的劳动教育实施格局。具体而言，其一，不仅要在校内独立开设劳动教育必修课、在学科专业中有机渗透劳动教育、在校园文化建设中强化劳动文化，还要围绕中华优秀传统文化中的劳动理念与要素以及教育强国、科技强国、人才强国等强国战略下对人才创新创业能力的具体要求①，在课外、校外的活动中安排劳动实践，帮助大学生全面积累职业经验以及培育创造性劳动和诚实守信的合法劳动意识。其二，既要重视劳动教育相关课程的学科育人价值，又要关注"五育融合"下"全息育人"的现实意义，努力拓展劳动教育实施边界，引导高职学生有针对性地参加日常生活劳动、生产劳动和服务性劳动，掌握满足生存发展需要的必备劳动技能，全面提高适应未来挑战的劳动素养。日常生活劳动教育可围绕家务劳动教育和学校日常生活劳动教育展开，生产劳动教育可围绕农业劳动教育活动和工业劳动教育活动展开，服务性劳动教育则可围绕关爱型服务劳动教育活动和公共型服务劳动教育活动展开。②唯有外部生态秩序与内部生态要素的动态和谐方能深刻诠释和谐共生的劳动教育文化生态系统的真正内涵，全方位确立"为党育人、为国育才"的劳动教育立场，为我国培育堪当中华民族伟大复兴时代重任的高素质劳动者。

三、微观：高职院校全课程劳动育人"融入"维度

高职院校全课程劳动育人是一个系统工程，基础在课程，而且要面向所有课程，因此要特别在"融入"上下功夫，将丰富的劳动教育要素全方位有机融入各门各类课程中。高职院校学生的学习是围绕着职业而展开的，从某种意义上说，高职教育是围绕着职业劳动而展开的教育。高职院校的劳动教育应根据高职教育的特点，在专业教育教学中突出劳动价值观教育，把劳动教育系统化，增加体力劳动比重，倡导劳动平等观。

（一）整体系统的劳动教育教学设计

高职院校是实施劳动教育的重要阵地。高职院校的劳动教育是一个包含了专业学习在内的劳动价值观念教育、劳动技术技能教育、劳动制度教育和劳动社会影响教育等方面的系统组合。高职院校的劳动教育要明确目标，建立完整的课程体系，处理好劳动教育内部的一些关系。

---

① 崔海亮、白梦姣：《中国传统文化中的劳动教育及其当代价值》，《教育与教学研究》2021 年第 4 期，第 17~27 页。

② 王飞：《新时代"三类劳动教育"的系统化设计与综合实施》，《教育与教学研究》2022 年第 4 期，第 39~53 页。

1.明确劳动育人的综合性目标

劳动育人的目标主要包括四个方面的内容。一是正确健康的劳动观教育。培养学生热爱劳动、崇尚劳动、劳动创造价值的观念，以不劳而获为羞耻。二是具有分析具体劳动意义和价值的知识和能力。分析和了解整体劳动流程和劳动制度的设计，理解具体劳动环节和产品对社会发展的意义和影响。反对和逐步消除劳动异化，鼓励受教育者追求按劳分配等社会主义分配原则与社会制度正义。三是掌握一定的劳动技能和知识。劳动需要以一定的知识技能为基础，在掌握知识技能的过程中实现个人的发展。四是实现个人的全面的发展。由于学生从事的生产性劳动和各类服务可能只涉及个人某一方面的发展，劳动教育要能够平衡和弥补个人的片面发展。

2.建立劳动育人课程教学体系

形成基础劳动教育课程、专业劳动教育课程和平衡劳动教育课程层层递进的高职院校劳动教育课程体系。

第一，劳动教育必修课程建设。劳动教育有着传承中华优秀传统文化，承载劳动立德树人理念，推动劳动创新、建设教育强国等重要作用。高职教育在专业人才培养方案中建设劳动教育通识必修课程，明确不少于16课时，建设专门的师资队伍，开发劳动教育通识必修课程资源，重点培养学生的价值观、情感态度、品质习惯。通过理论与实践结合的课程教学模式，传授马克思主义劳动观、劳动安全、劳动法律法规等内容，结合劳动基本素养能力培养，在劳动教育通识必修课中弘扬劳模精神、劳动精神、工匠精神，引导学生体会劳动喜悦，让学生初步认知劳动的真正意义。

第二，强化三类实践课程融合。一是聚焦思想引领，开展日常生活性劳动课程。采取灵活多样的教学方法和考核方式，弘扬劳动精神，引导学生崇尚劳动、尊重劳动，树立正确的价值观、劳动观、成才观，培养劳动观念。二是聚焦工学结合，开展专业生产性劳动课程。依托校内外实训基地，创新工学结合人才培养模式，使学生的理论学习与企业的岗位实践交替进行，让学生零距离接触企业，感悟真实的职业环境，培育劳动情怀，提高劳动素养。三是聚焦社会实践，开展社会服务性劳动教育课程。积极组织大学生志愿者等活动，让学生体验劳动的艰辛，感受劳动的快乐，形成尊重劳动、热爱劳动的真挚情感，提高劳动能力。

第三，丰富劳动教育实践活动形式内容。以实践为导向，设置丰富多彩的劳动教育实践活动。一是源于学生日常生活需要，设计日常生活性劳动课程实践活动。主要开设服务个人劳动实践活动（如个人洗盥、洗衣刷鞋等）、服务学校劳动实践活动（如打扫教室、垃圾分类等）和服务家庭劳动实践活动（如家庭清扫、买菜做饭等）。二是源于学生专业技术技能需要，设计专业生产性劳动课程实践活动。主要开设专业实践活动（如专业体验、实验实训等）、创新创业实践活动（如顶岗实习、毕业设计等）和课外研学实践活动（如社会实践、科研实践等）。三是源于学生服务社会能力需要，设计社会服务性劳动课程实践活动。主要开设现代服务业劳动实践活动（如服务交通运输、批发零售等服务业）、公益劳动实践活动（如校园和城市环境保护、公共场所秩序维护等）和志愿服务实践活动（如"三下乡"活动、运动会等重大活动服务等）。

　　3.处理劳动育人中的若干关系

　　在劳动教育中，注意处理好理论与实践、价值观与知识技能、生活与工作等方面的关系，显得特别重要。

　　第一，处理好理论与实践的关系。高职院校的专业课程是以实践为导向的课程，包含了大量的劳动实践课程。劳动实践当然是劳动教育的重要组成部分，但是劳动观念的形成和劳动实践的效果在很大程度上取决于理论的学习。没有理论指导的劳动实践，其质量和效果可能会受到很大的影响。在劳动教育中要尽量避免可能发生的"重视劳动实践、轻视劳动理论教育"的倾向。

　　第二，处理好劳动价值观和劳动知识技能的关系。学者檀传宝发现，有的学校的劳动教育畸变为技艺学习，忽视了劳动教育的价值目标。[①] 因此，一方面，高职院校除了培养劳动技能之外，要更加注重劳动价值观的培养。而培养劳动价值观，需要关注与劳动价值观相关的三个层次：第一个层次，对具体劳动操作所需知识技能的教育；第二个层次，对具体劳动制度、管理、协作的知识和技能教育；第三个层次，对具体劳动的目标、价值和意义的教育。这三个层次并非完全独立，而是相互包含的关系。没有对劳动知识技能的学习和掌握，没有对劳动制度和协作的具体体验和深入了解，要完全内化劳动价值观、培养劳动精神是不可能的。

　　第三，处理好生活与工作的关系。一般认为，相对于工作，生活类的劳动比较简单、不需要多少技能，这是一种误解。一方面，生活类劳动是个人和家庭连接社会的重要路径，对社会产生着重大影响，这是劳动者所需要了解的。有的生活类劳动虽然简单，但是要养成习惯、长久坚持，也具有一定的挑战性。另一方面，要获得健康美好的生活，离不开高质量的生活类劳动。而高质量的生活类劳动，不但需要具备生活常识，也需要了解科学原理，运用个人的智慧和创意。在高职院校，常常重视为工作和社会服务的劳动技能学习，对于个人健康发展、家庭和谐相处的生活类劳动重视不够，对于生活类劳动有利于个人全面发展的作用认识不够，这一点特别需要引起高职院校的重视和关注，并通过系统的教学设

[①] 檀传宝：《劳动教育的本质在于培养劳动价值观》，《人民教育》2017年第9期，第45~48页。

计加以纠正。

（二）科学多元的劳动课程模式研发

1. 完善顶层设计，制定项目式劳动育人课程

根据《意见》要求，高等职业院校需根据学生特点设立不低于16学时的劳动教育必修课程。为有效贯彻落实文件中相关要求，推进高职院校劳动教育课程落地，高职院校需设立劳动教育课程学分认定小组，制定项目式劳动教育课程学分认定方案，拟定工作流程，为课程实施提供制度保障。各高职院校可根据自身实际情况设置16~32个课程必修学时，计1~2个学分。设置2个学分的高职院校可分大一、大二两个学年进行认定，每学年设置一个选修劳动项目，记1学分，共计2个学分。课程考核可采取等级制考核方式，分"不合格""合格""良好""优秀"四个等级，由项目指导教师进行综合评定。学分认定工作一般在每个学段结束时进行，教务处组织将学分认定情况记入学生学分档案。

2. 坚持需求导向，征集真实的劳动实践项目

PBL模式即基于问题的教学/学习，在育人目标、实施取向、评价方式等维度与高职劳动教育课程高度契合。基于这一模式的高职院校劳动教育项目是在真实的问题情境中展开且具有现实意义和教育价值的。因此，高职院校应坚持需求导向，以劳动教育项目实践为契机，建立健全劳动教育目标体系、内容体系和评价体系，加快推进劳动教育形式和内容多样化，不断拓展劳动教育实施途径，强化创造性劳动教育。面向校内外实训基地、大师工作室、合作企业、相关社会组织等公开征集有现实意义且具有教育价值的劳动项目，让学生在真实的问题情境中开展劳动实践，解决实际问题，体验在劳动中创造价值的全过程，激发学生参与劳动实践的内在驱动力，为学生未来参与社会劳动生活做认知和情感上的准备。劳动教育项目可分为生活技艺、公益服务、专业拓展等不同类别，内容涵盖日常生活劳动、生产劳动、服务性劳动等，充分体现"理论与实践相结合、传统与现代相结合、体力与脑力相结合、技能与创新相结合"的原则。

3. 畅通实施渠道，开展分年级劳动项目公选

项目式教学不同于传统的教学模式，学习者自发的兴趣是项目开展的源动力。因此，学生在选择劳动教育项目时应拥有充分的自主权。学生可以根据自身的兴趣、专业特色、未来职业规划等选择劳动项目。为方便项目团队组建、项目成员管理、课程实施评价、课程学分认定等全过程的管理，高职院校可将筛选出的劳动项目导入教务管理系统，让学生分年级分时段地进行线上劳动项目公选。项目指导教师确认项目团队成员后，可组织学生以小组形式开展项目实践，并通过收集学生劳动实践照片、视频、报告等资料，有效记录学生劳动实践过程，并组织

学生认真填写"劳动教育"实践教学学生考核鉴定手册，采取定量与定性、过程性与终结性评价相结合方式对学生劳动成果进行评价，并在线上完成项目实施与评价的全流程。

基于 PBL 模式的高职院校劳动育人课程开发与实施，为高职院校劳动育人课程实践提供新方向。首先，通过育人目标、实施取向、评价方式等维度的分析，明确 PBL 模式植入高职院校劳动育人课程的可行性。其次，基于上述可行性分析基础，提出真实问题驱动、横向整合内容、设计实施路径、合作解决问题、公开表达讨论、多元项目评价的六段法，建构基于 PBL 模式的高职院校劳动育人课程实践范式，为高职院校劳动育人课程实践提供切实路径。最后，通过制定项目式劳动育人课程学分认定方案、校内外公开征集有教育价值的项目、分年级分时段开展线上劳动项目公选等具体策略，从管理制度、课程资源、系统支持等方面为基于 PBL 模式的高职院校劳动育人课程落地提供保障。以"专业教育""社会服务""竞赛活动""日常生活"等模块中衍生出来的劳动项目为依托，在项目推进过程中融入劳动精神涵养、劳动技能提升、劳动习惯养成、劳动情怀塑造等课程价值导向，破解了高职院校劳动育人课程内容碎片化、课程实施随意、评价主体单一等现实困境。

项目式学习能够为高职院校劳动育人课程实施提供一种模式支撑，促进劳动育人课程的顺利实施。但是，基于 PBL 模式的高职院校劳动院校育人课程的创生取向要求教师在课程实施过程中具备融合不同类型知识、挖掘情感价值、引导学生完成核心素养再建构的能力，实现以劳动育人课程为纽带，联通学生的教育世界、生活世界、职业世界。因此，师资队伍建设是影响 PBL 模式下高职院校劳动育人课程实施效果的关键因素，也是高职院校在开展基于 PBL 模式的劳动育人课程规范化管理时需要突破的难点。

（三）职业面向的劳动课程育人实践

劳动课程育人是面向真实世界的教育实践活动，实践性是劳动课程育人的基本属性。劳动课程实施必须将实践性一以贯之，深化劳动课程实践育人，让学生在实践中发现知识、在实践中生成经验、在实践中提高素养。坚持实践性原则主要体现在三个方面。一是对劳动价值观的实践。要在劳动价值观上下功夫，其根本就要在开展劳动实践活动时充分挖掘劳动育人的思想性和价值性，将劳动价值观贯穿整个人才培养全过程。二是对劳动精神的培育。劳动教育不仅是一个技术操作性问题，更是对劳动精神的培育，将人类的劳动提升到思想和精神层面，激励学生劳动精神的养成，让学生"爱劳动、会劳动、重视劳动"，养成良好的劳动品质和劳动习惯。三是提升学生的基本劳动能力。培养学生的劳动能力是劳动实践的根本目的，要有效将技术技能与劳动能力融合，突出将专业能力与通识劳动能力融合，在实践中相互促进，培养学生的基本劳动能力和职业共通能力。

1. 校企合作为特色形式

在校企合作劳动育人中，高职院校负责劳动理论教育，企业负责劳动实践教育。企业建立劳动体验车间、劳动实验车间，经过实习实训、掌握一定技术技能的学生到企业开展劳动体验活动以及实际生产劳动，企业指导教师负责指导和监督学生劳动实践活动。劳动收益可以按照约定在企业、高校、学生之间合理分配。劳动是检验技术技能的唯一标准，高职院校可以以劳动成果检验学生的技术技能水平和劳动熟练程度，并在劳动中识别人才、检验人才。

2. 隐性教育为基本形态

为了将劳动教育嵌入学校教育系统之中，开设独立的劳动育人课程一直被认为是实施劳动育人的根本方略。作为显性的课程，劳动教育课对于凸显劳动育人的存在、强化人们对劳动教育的认识和认可、保证劳动育人必要底线的作用显而易见，但其内在局限也不容忽视。劳动育人的实践表明，完全依靠孤立的劳动课程无法保证劳动教育的顺利开展。隐性劳动教育及隐性课程应是劳动育人的主体部分，劳动育人应有机融汇于知识教学和德育之中。

以隐性教育为主的劳动育人，基本进路是遵循原理性知识与技术操作相融合的原则，把劳动世界的图景融入学科课程的内容体系之中。即在学科课程的内容与教学活动设计中，尽量结合实际工作的案例，运用有实际劳动情境的案例帮助学生真正理解和掌握知识，使学生不仅在真实应用情境中体会和内化知识，同时又了解、熟悉劳动世界。这样既不改变学科课程的逻辑结构，又能建立其与工作世界的联结，赋予其劳动教育的价值，在当下不失为一条可选之路。

3. 生产劳动为主要样态

劳动育人中"劳动"的性质与样态对劳动教育的效果具有重大影响。《意见》和《指导纲要》均将新时代劳动教育划分为日常生活劳动、生产劳动、服务性劳动三种类型，提高了劳动教育实施的针对性和可行性。在劳动教育中，应当首先进行生产技术教育，而且是与大生产相结合的生产技术教育，这才符合马克思主义有关教劳结合的思想。[1] 这并不是说日常生活劳动和服务性劳动不重要，而是与生产劳动相比，日常生活劳动和服务性劳动基本上是私人性质的劳动，发生在私人空间，劳动结果的社会显示度低，是家庭教育和中小学劳动教育的主要内容。

在生活世界的素朴观念中，生产劳动内在地意味着对劳动技能与知识的要求。

---

[1] 黄济：《历史经验与教育改革》，人民教育出版社2004年版，第108页。

在日常生活世界中,如果去除了"生产性",劳动是否还是"劳动"自身就值得怀疑。社会的各行各业都拥有自己的劳动技能体系以及劳动知识体系,这种系统化的劳动技能与劳动知识理应是高职院校劳动育人的主体内容。换言之,对于高职学生来说,生产劳动最能真正促进其劳动技能与劳动知识的发展,进而促进其全面的身心发展。劳动育人也由此成为学生生命力外化的绝佳路径,并确立自身价值的比较优势。

‖ 结　语 ‖

　　劳动对于人类社会和个人无疑具有奠基性价值，然而，却不能据此直接推定劳动育人的价值。劳动通常是成年人的活动，而劳动育人是针对学生的，仅此一点就决定了二者不是简单的映射关系。一直以来，主流学界基本上依据马克思主义的劳动理论，在"五育并举"的框架中来证明劳动育人的价值。但是，马克思关于劳动价值的观点并非毫无争议。美国思想家、政治理论家阿伦特认为，劳动是与生物的生命相联系的必然性活动，而"人与所有其他类型的动物生命共有的东西，都不被看成是属于人的"[①]。"我们应该跳出对经济增长的执念，认识到在95%以上的智人历史中，工作都不曾是人类关注的重心。"[②] 这些争论在某种意义上形成了对劳动育人本质与价值认知的迷雾。

　　劳动与学校教育发生显性联系是在马克思主义理论诞生之后。马克思主义理论奠定了劳动实践在全部人类实践中的基础地位，确立了劳动对于人类社会以及个人的存续与发展所具有的根本价值，阐明了劳动与人的全面发展的逻辑关联，在人类思想史上第一次系统揭示了教育应具有的劳动意旨。在马克思主义理论的启蒙与影响下，在特定的历史时期和社会背景下，劳动得以进入学校教育，在学校教育中进行试验和发展。教育发展的历史表明，学校教育缺失劳动育人的"基因"，劳动育人是后来者。这意味着，劳动育人要想在学校教育系统中生根、发展，就必须注重审思所需的社会条件，特别要考查其与传统的学校教育系统的契合点和相容性。在当下的历史时代，体力劳动与脑力劳动的分工仍是明显的，这一分工造成了系统性的社会差别。传统的学校教育制度与教育理念仍然具有巨大影响。这些因素导致了劳动育人在学校教育系统中的成长困难重重。

　　社会主义市场经济中劳动本位价值观体现为在不同所有制结构的市场经济中充分尊重劳动的价值，同时尊重资本在参与社会财富创造中的作用。我国社会主

---

① 汉娜·阿伦特：《人的境况》，2版，王寅丽译，上海人民出版社2017年版，第63页。
② 詹姆斯·苏兹曼：《工作的意义：从史前到未来的人类变革》，中信出版社2021年版，第329页。

义初级阶段劳动本位价值观尚未在全社会形成，劳动还存在一定程度的异化。市场经济中的劳动还不完全是一种自觉自愿的活动，而是为了生存而不得已的被动性劳动，尤其是体力性劳动。这是当前劳动育人必须要面对的客观现实。鉴于此，劳动育人需要制度约束和政策干预，需要设计"目标—手段—动力"的干预路径。这构成了本研究的生长点，它不能凭一己之力从根本上解决社会分工、劳动异化等深层次的社会发展问题，但可以在现有的条件下，通过制度构建的尝试，减缓劳动异化的发展态势及其带来的冲击。当这一尝试汇聚成全社会合力系统的一部分时，即完成了既定的、有限的研究任务。

职业教育被公认为最适宜开展劳动教育的教育类型。高职院校普遍重视校企合作，在利用企业及行业组织的资源方面优势突出。对于高职学生来说，他们已经成年，并且所受教育的职业面向突出，适宜开展面向就业岗位的真实劳动，劳动与教育的契合度较高，是开展劳动育人的理想样态。深化现代职业教育体系建设改革，推动现代职业教育的高质量发展，增强职业教育适应性，职普融通是关键。笔者认为职普融通也是未来劳动教育提质升级的必由之路。

首先，高职院校要积极助推中小学劳动育人实践。一方面，高职院校参与中小学的劳动教育，能够大大促进中小学生及家长对职业教育的了解，对于吸引适切的生源、提高自身的社会声誉、优化与中小学教育的衔接大有裨益。另一方面，高职院校普遍重视校企合作，在劳动教育利用企业及行业组织的资源方面，高职院校也能发挥桥梁作用。可以说，对于协助或参与中小学的生产劳动教育，高职院校既具备条件，也具有内生需要。

其次，高职院校要积极推进职普课程协同发展。将劳动教育与职业体验有机融合，分层分类构建融通课程。学生在学习专业技能的同时，渗透和强化职业习惯，培养职业兴趣、劳动习惯和精益求精的工匠精神。高职院校与初中、高中、中职和本科院校坚持以技能型人才培养为核心的原则，在课程体系、课程内容设计和教学资源共享等方面统筹设计，构建一体化的课程体系，建设优质数字教育资源平台，实施课程融通。明确中职教育与高职教育培养对象的岗位需求、技术技能掌握程度、培养规格，避免重复开设课程，做到分工合作、顺畅融合。

当然，职普融通并非职业教育一厢情愿之事，推进职普融通也并非马上消除职普分流，甚至完全否定职普分流的积极意义，要充分考虑隐藏在背后的深刻的社会历史文化因素。从马克思主义实践哲学的视角看，人的本质是自由自觉的生产性劳动，教育培养"人"就是应培养劳动者尤其是普通劳动者。我们应当时刻牢记，社会主义教育应立足于大多数普通人的第一需要，大力培育学生实实在在的劳动技能与劳动精神，助力他们依靠高质量劳动来获得安身立命之本，任何时候都不能偏离这一方向。从宏观上看，我国目前正处在社会主义初级阶段，人的发展仍然处在一个特殊的由"人对物的依赖"阶段向人的自由全面发展阶段发展过渡的时期。从教育上看,我国早已普及义务教育,高等教育也已进入普及化阶段,在这样的背景下我们需要审时度势,促进教育朝劳动世界的转向,这样教育才能获得时代需要的特质,才能行稳致远。

│附　录│

高职学生劳动价值观调查问卷

亲爱的同学：

　　为了解高职学生群体劳动价值观现状，我们组织了此次问卷调查，非常荣幸地邀请您作为学生代表填答问卷，也非常感谢您的配合。问卷采取不记名方式，请您结合个人实际情况认真仔细填答，填答时间大约需要10分钟。再次对您的配合表示衷心感谢！

"'双高计划'背景下高职院校推进全课程劳动育人研究"课题组

2023年5月

Q1. 您现在的年级：（　　　）。

（1）大一　　　　　　　（2）大二　　　　　　　（3）大三

Q2. 您所学的专业大类：（　　　）。（单选）

（1）工科　　　　　（2）商科　　　　　（3）艺术

（4）医学　　　　　（5）教育　　　　　（6）农林

（7）文科

Q3. 您的性别：（　　　）。

（1）男　　　　　　（2）女

Q4. 您的政治面貌是否为中共党员（含预备党员）：（　　　）。

（1）是　　　　　　（2）否

Q5. 您在大学担任学生干部的情况：（　　　）。

（1）未当学生干部　　（2）班级干部　　　　（3）院/系学生会干部

（4）社团干部　　　　（5）校学生会干部　　（6）其他

Q6. 您是否为独生子女？（　　　）

（1）是　　　　　　（2）否

Q7. 过去的一年，您父母的家庭月平均总收入（包括工资、各种奖金、资本性收入以及其他固定及临时性收入）是：（　　　）。

（1）2 000元以下　　　（2）2 001~5 000元　　　（3）5 001~7 000元

（4）7 001~10 000元　（5）10 001~15 000元　（6）15 001~20 000元

（7）20 000元以上

Q8. 您父亲的职业是：（　　　）。

（1）教师　　　　　　（2）产业工业　　　　　（3）医生、护士

（4）农业劳动者　　　（5）民企、私企员工

（6）政府、事业单位、国企员工　　　　　　　（7）专业技术人员

（8）私营企业主　　　（9）个体工商户　　　　（10）商业、服务业员工

（11）自由职业者　　　（12）离退休　　　　　（13）其他

Q9. 您母亲的职业是：（　　　）。

（1）教师　　　　　　（2）产业工业　　　　　（3）医生、护士

（4）农业劳动者　　　（5）民企、私企员工

（6）政府、事业单位、国企员工　　　　　　　（7）专业技术人员

（8）私营企业主　　　（9）个体工商户　　　　（10）商业、服务业员工

（11）自由职业者　　　（12）离退休　　　　　（13）家庭主妇

（14）其他

Q10. 您的家乡在（　　　）。

（1）城市　　　　　（2）县城　　　　　（3）乡镇　　　　　（4）农村

Q11. 请您对下列关于劳动的说法进行评价。（每行单选）

序号	基本观点	非常认同	比较认同	一般认同	不太认同	非常不认同
1	家务活是家长的事，不需要孩子参与	1	2	3	4	5
2	新时代不需要弘扬艰苦奋斗精神了	1	2	3	4	5
3	万般皆下品，唯有读书高	1	2	3	4	5
4	在力所能及的情况下，帮助别人能够获得快乐	1	2	3	4	5
5	劳动是财富的源泉，也是幸福的源泉	1	2	3	4	5
6	节俭要从小事做起，每一样东西都来之不易	1	2	3	4	5

大学校园承载着您最美好的青春记忆，让咱们再来聊聊大学生活中的点点

滴滴。

Q12. 大学期间，您每个月的平均花费（含生活费、买衣服、家校往返、旅游、培训等所有花费）为：（　　　）。

（1）500元以下　　　　　（2）500~999元　　　　　（3）1 000~1 499元

（4）1 500~1 999元　（5）2 000~2 999元　　　（6）3 000~4 999元

（7）5 000元及以上

Q13. 您认为您属于哪种消费观？（　　　）

（1）奢侈型　　　　　　　　　（2）高消费型，喜欢品牌

（3）经济实惠型，质量一般就行　（4）实际型，看有多少钱

（5）节俭型，能不买就不买　　　（6）其他

Q14. 大学期间，如果当月生活费已经花完，还不到父母给下一个月生活费时，您常通过哪些途径度过？（　　　）

（1）让父母再给钱　　　　　（2）向亲朋好友（同学）借钱

（3）信用卡透支消费　　　　（4）校园贷等借贷类软件

（5）消费贷、分期付款　　　（6）兼职等挣钱

（7）其他

Q15. 大学寒暑假，您在家平均每天做家务劳动的时长大约是（主要包括洗衣做饭、打扫卫生、家庭采购、干农活等体力劳动）（　　　）。

（1）不做　　　　　（2）10分钟以内　　　（3）10分钟~半小时

（4）半小时~1小时　（5）1~2小时　　　　（6）2小时以上

Q16. 大学在校期间，您常怎么处理脏衣服？（　　　）

（1）自己手洗　　　（2）用校园的洗衣机洗　（3）到专门洗衣店洗

（4）请别人帮忙洗　（5）寄回家洗　　　　　（6）攒一起带回家洗

（7）从来不洗　　　（8）其他

Q17. 当您多次发现寝室里很乱，但又没轮到您值日时，您最经常的处理方式：（　　　）。

（1）发牢骚、抱怨　　　（2）视而不见　　　　（3）提醒值日同学打扫

（4）邀请室友一起打扫　（5）自己主动打扫　　（6）其他

Q18. 在学校食堂里，当看到有同学浪费食物时，您最倾向于怎么处理？（　　　）

（1）无所谓，没什么感觉

（2）这是别人的权利，我无权干涉

（3）我自己也有浪费现象发生，情有可原

（4）浪费食物可耻，在心中鄙视他/她

（5）上前提醒一下同学别浪费食物

（6）浪费严重时，向相关老师或管理人员反映

（7）其他

Q19.大学期间，学习之余，您还参加了哪些社会实践活动？（　　　）

（1）勤工俭学　　　　　　　　（2）兼职打工

（3）社会调查　　　　　　　　（4）志愿服务 / 公益性活动

（5）公司 / 单位实习　　　　　（6）生产劳动

（7）"三下乡"活动　　　　　　（8）创业实践

（9）其他

Q20.您认为在大学期间参加实践活动的主要意义是什么？（　　　）（限选 3~5项）

（1）能赚点生活费 / 零花钱　　（2）丰富课余生活

（3）积累工作经验　　　　　　（4）多一种生活体验

（5）实现个人价值　　　　　　（6）能够学以致用

（7）培养吃苦耐劳精神　　　　（8）扩大社交范围

（9）好玩，打发时间　　　　　（10）完成学校的学分或实习任务

（11）其他

Q21.您认为，对您劳动价值观影响较大的影响因素是：（　　　）。（限选3项并排序）

（1）父母　　　　　（2）学校　　　　　（3）报纸杂志

（4）社会风气　　　（5）个人喜好　　　（6）同辈群体

（7）电视电影　　　（8）偶像　　　　　（9）微博微信

（10）书籍

Q22.您毕业后的选择是：（　　　）。

（1）参加工作　　　（2）继续深造　　　（3）创业

（4）现在还比较迷茫，没有明确打算　　（5）其他

Q23.您最向往的职业类型是：（　　　）。

（1）自由型（时间和环境自由）

（2）技术型（工作与专业对口）

（3）合作型（重视团队合作）

（4）支配型 / 权力型（政府及企事业单位领导等）

（5）稳定型（职业稳定、风险小）

（6）自我实现型（发挥个性、特长）

（7）服务型（社会服务类工作）

（8）创业型（响应政策号召，成就个人梦想）

（9）享受型（无固定工作，开心就好）

（10）其他

Q24. 在您看来，对您的就业起到决定性影响的因素是：（　　　）。（限选3项并排序）

（1）家庭背景　　　　（2）老师推荐　　　　（3）个人实力

（4）学校名气　　　　（5）机遇运气　　　　（6）同学或朋友帮助

（7）专业背景　　　　（8）其他

Q25. 影响您就业选择的主要因素是：（　　　）。（限选3项）

（1）劳动报酬　　　　　　　　　　（2）升职空间

（3）福利制度（是否有五险一金）　（4）公司/单位实力

（5）公司/单位所在城市　　　　　　（6）培训体系是否健全

（7）工作是否轻松（是否双休、加班）（8）是否符合个人兴趣或发挥专长

（9）是否体面、社会地位　　　　　　（10）其他

Q26. 假如毕业时，暂时还没有找到理想工作，现在有一份以体力劳动为主、报酬一般的工作岗位，您也符合招录条件，您的态度是：（　　　）。（单选）

（1）乐于接受，踏踏实实地干

（2）勉强接受，先干着再找其他工作机会

（3）不能接受，继续找工作

（4）不能接受，不找工作了，创业或为创业做准备

（5）不能接受，不找工作了，准备考研/考公务员/考证等

（6）不能接受，不找工作了，在家陪父母

（7）其他

Q27. 您的择偶标准主要是：（　　　）。（限选3项并排序）

（1）相貌　　　　（2）经济实力　　　　（3）社会地位

（4）家庭地位　　（5）发展潜力　　　　（6）性格

（7）价值观　　　（8）学历　　　　　　（9）感情基础

（10）其他

Q28. 基于您的经历和认知，您认为当代大学生在劳动价值观方面的突出问题有：（　　　）。（限选3~5项）

（1）看不上体力劳动

（2）好逸恶劳，缺乏积极的劳动态度

（3）没有良好的劳动习惯

（4）存在铺张浪费的现象

（5）不尊重他人劳动成果

（6）缺乏艰苦奋斗精神

（7）生活自理能力较差

（8）太看重物质报酬

（9）存在投机取巧心理，渴望不劳而获

（10）做事情马马虎虎，不精益求精

（11）奋斗目标不明确，荒废时光

（12）独生子女娇生惯养，抗挫折能力差

Q29. 在您看来，您更愿意接受下列哪种形式的劳动教育？（　　　　）

（1）向家长学习，从小参加家务劳动等

（2）中小学时期能有机会多参加劳动教育（主题讲座、志愿服务、参与校园劳动、社会参观等）

（3）向身边的同学朋友学习

（4）自己主动参加各类义务劳动、体验劳动价值

（5）向自己喜欢的影视剧中的人物学习

（6）向自己崇拜的成功人士学习

（7）大学期间多一些实践类课程

（8）大学期间多一些勤工俭学的机会

（9）大学老师在课堂上的讲授更切合实际

（10）社会舆论的正确引导

（11）与大国工匠、劳动模范近距离接触，感受他们的魅力

（12）有更多机会到与专业相关的单位实习

（13）多惩罚一些投机取巧、不劳而获的人

（14）其他

Q30. 关于"如何帮助大学生树立正确的劳动价值观"，您有什么的看法或者建议？（请填写）

_____

_____

_____

_____

高职院校劳动教育课程建设情况访谈提纲（教师）

访谈对象： 高职院校劳动教育工作负责人、劳动教育授课教师。

访谈内容：

1. 请问贵校是否成立劳动教育专门负责机构？

2. 请问贵校是否开设劳动教育必修课？从哪一年开始开设？

3. 在几年级开设？分几个学期？总学分是多少？

4. 是否开设劳动教育选修课？都有哪几门课程？

5. 劳动教育的师资如何保障？专职比例多少？兼职教师主要来自哪支队伍？

6. 劳动教育课程主要涉及哪些内容？

7. 劳动教育课程如何考核？

8. 学生劳动素养的提升如何评价？

9. 劳动教育融入其他课程的情况如何？

10. 贵校在劳动教育课程建设方面有何特色做法？

11. 劳动教育课程建设方面还存在哪些亟待解决的问题？

高职院校劳动教育课程建设情况访谈提纲（学生）

访谈对象： 高职院校学生。

访谈内容：

1. 您上过或正在上劳动教育课程吗？

2. 您觉得通过学习劳动教育课程有何收获？

3. 除了劳动教育课程，学校还开展其他形式的劳动教育吗？比如劳动周、劳动之星评选、劳动成果展等。

4. 劳动教育课程中的哪些环节给您留下深刻印象？

5. 劳动教育对您的职业规划有什么影响？

6. 您对学校的劳动教育课程有什么意见和建议吗？

‖ 参考文献 ‖

［1］班建武.基于生活逻辑的劳动教育独立性辩护:兼论劳动教育与德智体美四育的关系［J］.思想理论研究,2022（4）:65-70.

［2］鲍德里亚.消费社会［M］.刘成富,全志钢,译.南京:南京大学出版社,2014.

［3］蔡其勇,向诗丽,谢霁月,等.新时代劳动教育课程的价值与建构［J］.当代教育科学,2020（9）:42-46.

［4］蔡瑞林,张根华.基于CIPP模式的高校劳动教育能力评价研究［J］.中国大学教学,2023（7）:76-83.

［5］曹渡帆,任捷.职业院校实施劳动教育的空间逻辑[J].职教论坛,2022(8):15-22.

［6］陈则飞.高职院校劳动教育评价的现实困境与优化路径［J］.九江职业技术学院学报,2023（2）:28-34.

［7］程豪.从外在设计到内源发展:劳动教育变革的可能逻辑［J］.大学教育科学,2021（3）:54-62.

［8］董宏鹰.劳动形塑人的精神研究［D］.广州:华南理工大学,2014.

［9］冯永刚,温晓情.劳动课程育人的价值变迁、生成逻辑与实践进路［J］.教育学报,2022（6）:52-62.

［10］高文红.高职劳动教育评价改革的时代要求、现实困境和实施策略［J］.中国职业技术教育,2022（19）:62-67.

［11］郭伶俐.当代西方劳动理论批判:兼论马克思劳动理论的当代意义[M].北京:中国社会科学出版社,2011.

［12］何云峰,李晓霞.劳动内生动力与共创美好生活［J］.济南大学学报（社会科学版）,2022,32（4）:5-13.

［13］胡秋儿,蒋思婷.基于PBL模式的高职劳动教育课程开发与实施［J］.职教论坛,2023（10）:50-55.

［14］胡玉玲，李珂．职业教育高质量发展的顶层优化与价值导向：基于新职业教育法的审视［J］．教育与职业，2022（17）：35-39.

［15］克劳福德．摩托车修理店的未来工作哲学：让工匠精神回归［M］.粟之敦，译.杭州：浙江人民出版社，2014.

［16］孔洁珺，王占仁．新时代大学生劳动价值观培育的场域、困境与对策研究［J］.东北师大学报（哲学社会科学版），2023（3）：90-97.

［17］劳凯声，肖川，丁东等．教育与生产劳动相结合问题新探索［M］.长沙：湖南教育出版社，1998.

［18］乐乐．"课程劳育"的缘起、内涵及推进路径［J］.职教通讯，2021（10）：36-41.

［19］李家成．关怀生命：当代中国学校教育价值取向探［M］.北京：教育科学出版社，2006.

［20］林克松．新时代劳动课程实施的底层逻辑重塑［J］.西南大学学报（社会科学版），2023（1）：176-183.

［21］刘海燕．新时代高职学生职业价值观发展特征及教育对策研究［D］.大连：大连理工大学，2021.

［22］刘洪银．劳动教育推动高职学生核心素养形成路径研究［J］.黑龙江高教研究，2022（1）：134-138.

［23］刘向兵，杨阳，曲霞．习近平总书记关于劳动教育重要论述的理论渊源与价值意蕴［J］.中国人民大学教育学刊，2023（4）：1-14.

［24］刘晓，钱鉴楠．技能型社会下产业工人队伍建设与职业教育使命担当［J］.中国职业技术教育，2021（33）：5-10.

［25］刘永佶等．劳动历史观［M］.北京：中国经济出版社，2004.

［26］卢晓东，曲霞．大学劳动教育课程框架、特征与实施关键：基于劳动要素的理论视野［J］.中国大学教学，2020（S1）：8-16.

［27］马尔库塞．单向度的人［M］.刘继，译.上海：上海译文出版社，1989.

［28］祁占勇．新中国成立70年来我国劳动教育政策的价值选择及其变迁［J］.国家教育行政学院学报，2019（6）：18-26.

［29］施盛威，王晓莉．新时代应用型高校劳动教育体系探析［J］.江苏高教，2023（12）：81-85.

［30］宋朝龙．马克思在异化问题上思想转变的实质：评张奎良与俞吾金的争论［J］.北京理工大学学报（社会科学版），2005（5）：74-76.

［31］宋子铃．实践偏差与价值回归：新时代大学生劳动精神培育论析［J］.北京科技大学学报（社会科学版），2021（2）：119-124.

［32］苏国勋.理性化及其限制：韦伯教育思想引论［M］.上海：上海人民出版社，1988.

［33］苏霍姆林斯基.给教师的建议［M］.杜殿坤，译.北京：教育科学出版社，2001.

［34］檀传宝，郭岚.劳动教育是一种社会建构：论作为社会教育的劳动教育［J］.教育科学研究，2023（2）：5-12.

［35］汪杰锋，王一雯，郭晓雅.新时代高校劳动教育课程实施的问题与消解［J］.齐鲁师范学院学报，2023（2）：54-59.

［36］汪胤.本质与劳动：马克思哲学思想的现象学解读［M］.北京：人民出版社，2014.

［37］王欢，谢青松.新时代高职院校学生劳动素养培育现状及影响因素探析［J］.职业技术教育，2023（8）：36-41.

［38］王江松.劳动哲学［M］.北京：人民出版社，2012.

［39］王彦庆.新时代大学生劳动教育研究［D］.哈尔滨：哈尔滨师范大学，2021.

［40］威利斯.学做工：工人阶级子弟为何继承父业［M］.秘舒，凌旻华，译.南京：译林出版社，2012.

［41］夏明月.劳动伦理研究：和谐劳动关系与和谐社会构建［M］.北京：人民出版社，2012.

［42］徐海娇.危机与重构：劳动教育价值研究［D］.长春：东北师范大学，2017.

［43］徐海娇.意义生活的完整性：人工智能时代劳动教育何以必要与何以可为［J］.国家教育行政学院学报，2019（11）：88-95.

［44］徐静.高职院校劳动教育与专业教育衔接研究［J］.教育与职业，2022（19）：102-107.

［45］徐曼，张治夏.新时代推进大中小学劳动教育一体化建设的思考［J］.内蒙古社会科学，2022（3）：179-185.

［46］徐雪平.职业院校劳动教育课程建设的现实困境及推进策略［J］.教育理论与实践，2023（9）：26-29.

［47］杨秋月，顾建军.新时代职业院校学生劳动素养评价指标体系构建与培养路径研究［J］.职教论坛，2022（7）：81-86.

［48］张畅.高校劳动育人研究：基于新时代的视角［M］.北京：社会科学文献出版社，2023.

［49］赵蒙成.高质量劳动教育何以可能：基于现象学的考察［J］.湖南师范

大学教育科学学报，2023（6）：145-152.

［50］郑银凤 ."90后"大学生劳动观教育研究［D］.成都：西南交通大学，2016.

［51］周建松，孔德兰 . 构建全课程立体化同向协同育人机制的思考与实践［J］.中国职业技术教育，2017（11）：41-44.

| 后 记 |

    本书的写作缘于我主持的2020年度教育部高校思政课教师研究专项课题。申报时，我在选题方面犹豫不定。对于当时刚刚从本科院校离职到高职院校工作的我来说，在没有任何前期研究基础的情况下，选择了高职院校劳动育人这一主题，实属冒险之举。项目的成功立项，恰似一盏指路的明灯，坚定了我今后的研究方向。

    劳动育人并不是一个新的问题，但它却是一个容易被人忽略的问题。在这个科学技术迅猛发展、人工智能甚嚣尘上的时代，比起"大数据""人工智能""元宇宙"这些时代感极强的主题，研究劳动育人似乎显得缺乏时尚感。在今天，劳动育人有了新的历史文化语境、新的内涵、新的现实针对性，当然也不可避免地产生了新的混乱和不足，成为困扰我和令我着迷的难题。这场思想的出行即将行至终点，此刻的我却惴惴不安，原有的困惑尚未一一解开，又产生了很多新的疑团，多似胡塞尔对于哲学的喟叹，"想来想去，想了很多，结果发现又成了个生手"。羞愧难当的情绪让我数次想中断本书的写作，也使我不断反观自己的"劳动"和它带给我的"幸福"，于是乎这反倒成了我从个人角度体味劳动价值的直接素材。

    自从2020年6月来到扬州工业职业技术学院工作以来，我的研究方向便从原来的民族文化研究转向了劳动教育研究，进入了全新的未知领域，荆棘丛生却也乐在其中。一路走来，我得到了许多领导和同事们的支持与鼓励。感谢学校原党委书记刘金存教授、现党委书记陈洪教授以及校领导班子，为我们这些来自外地的引进人才提供了无微不至的政策关怀，让我们生活舒畅，全身心投入到工作中。感谢徐华副校长，我刚到马克思主义学院时，她兼任学院的领导职务，繁忙的工作之余还挤出时间与我谈心谈话，亲赴南京指导我们比赛，对我的研究内容给予必要指点，她处事的精准与豁达值得我终身学习。感谢张宏彬教授，对我这个教学能力比赛"小白"给予充分的信任，为我们冲进国赛煞费苦心。作为目前全国唯一一门"劳动教育"国家精品在线课程负责人，他对劳动教育的深虑与洞察，对我课题的完成大有裨益。感谢康小孟处长、钱琛处长、杨润贤处长、周可可院长、孟跃书记、武智教授，在我入职过程中以及教学、科研、社会服务各项工作中给予悉心指导。感谢彭静静、崔攀攀两位青年老师，在开展问卷调查和师生访谈中做了许多认真、细致的工作。

上次写出这么多字，还是2014年在我的博士毕业论文中，如今正好跨越了十年时光。十年岁月在人间的流转不能算短，相对于学术光阴的积淀却也不能说长，"坐冷板凳"和"细火慢炖"都是实践后才懂得个中滋味，希望下一个十年笔耕不辍、初心依旧。

本书稿虽几经修改，我亦勉尽其力，但由于本人学识水平有限，疏漏、错误之处在所难免，敬请各位专家和读者朋友批评指正。

李丽娜

2024年2月9日于扬州